B&B HAWAII

BEYOND YOUR IMAGINATION BEAUTIFUL COLOR PHOTOS
HAWAI'I / MAUI / KAUA'I / O'AHU

Nick Kato

PHOTO BY NICK KATO
ART DIRECTION & DESIGN SLACKKEY TANAKA(LEHUA DESIGN STUDIO)

ハワイが好きで、もう何回もハワイにやってきたあなた
まだ1、2回の経験しかないあなた
どちらにしても
ホテルやコンドミニアムで退屈な思いをしたことはありませんか?
たまには
旅行会社が計画したいつものホテルから飛び出して、
自然の風が、窓から吹き込んでくるB&Bに泊まってみませんか?
靴を脱いで、Tシャツやショーツに着替えて暮らしてみませんか?
あなたはきっとそこで未知のハワイに出会うでしょう。
新しい発見を感じるでしょう。
B&Bは日本の民宿に似たシステムで、
朝食(Breakfast)と部屋(Bed)をレントするシステムだ。
マニュアルどおりのホテルのサービスとは違い、
そこにはオーナーとあなたの心のふれあいがある。
そしてそれを歓迎する素顔の自然が見えてくる。
いろんなローカルのB&Bに泊まり、そこに住む人たちと出会い、
その素晴らしさと楽しさを知れば、もうあなたはホテルでは暮らさなくなるでしょう。

誰にも知られないハイダウェイ **Mahina Kai Bed & Breakfast Beach Villa Retreat** (104)

サンシャインスポット イン カウアイ **Gloria's Spouting Horn Bed & Breakfast** (108)

ハナレイの永遠の美しさの中で暮らす幸せ **Hanalei Bed & Breakfast & Beach** (112)

カパアのハイダウェイで静かに時を過ごす **Aloha Country Vacation Rental** (116)

幸せなフラワーファームでの生活 **Waonahele at Kupono Farms** (120)

あの虹のマノアバレーでの暮らし **Manoa Valley Inn** (124)

ダウンタウンをぶらついて **Adam & Eve Bed & Breakfast** (128)
～Eden's Rainbow Estate～

ウィンドワード・オアフでのオーシャンライフ

Schrader's Windward Marine Resort (132)

Pillows in Paradise (133)

Nalo Winds Bed & Breakfast (134)

その他のB&B一覧 **The List of Other Information** (138〜143)

ハワイの古き良き上流社会に思いをうかべる **The Jacalanda Inn** (6)

ワイピオでワイルドな自然と遊ぶ **Waipio Ridge Vacation Rental** (14)

時間が止まったままのプランテーションタウン **Pahala Plantation Cottages** (20)

ワールド・フェイマス・コナ・サンセット **Kailua Plantation House** (26)

ヒロの古い街並をじっくりとしのぶ **Shipman House Bed & Breakfast Inn** (32)

ホノカアの町でオールドハワイアンスタイルで暮らす **Bamboo Gallary Inn** (36)

キャプテン・クックが到来したベイを見下ろすこの家 **Kealakekua Bay Bed & Breakfast** (42)

オーガニックにスピリチュアルに暮らす **Dragonfly Ranch B & B** (48)

サウスポイントで不思議なパワーを充電する **Lilikoi Land** (54)

ちょっと知的にバケーション **Holualoa Inn** (56)

ハワイで冬気分 **Kilauea Lodge Country Inn** (62)

コハラカントリーライフ **Kohala Country Adventures Bed & Breakfast** (70)

フラを学び暮らすビーチコミュニティー **E Walea By The Sea** (74)

ゆっくりと本当のマウイを楽しむ **The Old Wailuku Inn at Ulupono** (78)

港町ラハイナで遊ぶ **Lahaina Bambula Inn** (84)

アップカントリーは朝のクリスピーな冷たい空気で始まる **Silver Clouds Guest Ranch** (88)

ハナのトロピカルレインに身をぬらす **'Ala' Aina Ocean Vista Bed & Breakfast** (94)

ウィンドサーファーの天国がここにある **Pascaline Windsurfer's Place** (98)

The Jacaranda Inn

65-1444 Kawaihae Road, Kamuela, Hawaii, HI 96743
Phone: (808)885-8813 Fax: (808)885-6096 www.jacalandainn.com

料金：1室（2名まで）＄189〜（朝食つき）最低宿泊数：1泊から

このイスにはスコッチがよく似合う

雲と山と海、そしてあなた

お寺と教会がとなり合わせ

早朝の霧に当たる朝日

いつかはマウナケアに登ってみよう

ハワイの古き良き上流社会に思いを浮かべる

年中常夏に思えるハワイにも穏やかながら季節の移り変わりがある。4月、春も終わりを迎える頃になると、ハワイ諸島のノースショアにビッグ・ウェイブを送り込んでいたトレード・ウィンドは勢いを弱め、様々な花が咲き乱れる鮮やかな季節を迎えることになる。なかでもボクが好きなのは、桜にも似た表情の、だが薄紫色の花を咲かせるジャカランダだ。

オープンして間もないジャカランダ・インは、その花を思わせる上品な宿だ。かつて全米一の広さを誇った牧場、パーカー・ランチ。もともとこのインは、その牧場のマネージャーハウスとして1897年に建てられた屋敷だった。ハワイ語でハレ・ケア（白い家）と呼ばれたこの大邸宅は、その後ロックフェラーに買い取られたり、ジャクリーン・ケネディ・オナシスなどのセレブリティもステイした華やかな歴史を持つ。

オーナーのメリーアレンとピーターはこの屋敷に3年がかりで手を加え、自分達のテイストを反映させた宿に作り上げた。メインハウスには大きな暖炉のあるリビングルームやコア材＊で作られた重厚なライブラリールームがあ

こんな夢の中に出てくるような大邸宅に泊まれる驚き

り、座り心地のいい椅子が主を待っている。ホット・ウイスキーでも片手に腰を沈めれば、そのまま何時間でも過ごせそうだ…。

宿泊用のコテージは、部屋ごとに違うカラーやインテリアで調度されている。たいていの部屋には大きなバスタブがついていて、夜は冷え込むことの多いワイメアでも、ゆっくりと暖かい湯に浸かってくつろぐことができる趣向だ。訪れる度に違う部屋にステイすれば、まるで違った雰囲気が楽しめて、それがちょっとしたアミューズメントにもなる。

ガーデンには可愛らしいチャペルもあり、ウエディング・セレモニーやパーティも行えるという。

翌朝、すこしひんやりとする朝靄の中で町が目覚め始めるころ…ボクはベッドをぬけだして、町はずれの高原の道をあてもなく散策した。静かに草をはむ馬たちの背が、朝日を受けて黄金色に輝き、新しい一日の始まりを告げていた。

コア=ハワイ・ネイティブの樹木で、独特の美しい色と木目で家具や木工細工に珍重されている

ひとつひとつに個性がある部屋

ハワイアン・スパニッシュスタイル

すぐになじみのベッドになる

ブルー・ルーム

レッド・ラバー

クラシックな夜を

シンプルステイ

パーカー牧場の歴史がよみがえるミュージアム

バードオブパラダイスは逆光がいい

この丘の向こうに深い森があり、神がやどる

黄色の壁もハワイの光にマッチする

Waipio Ridge Vacation Rental

P.O. Box 5039, Kukuihaele, Hawaii, HI 96727
Phone: (808)775-0603 www.vacationspot.com/showproperty.htm?propkey=37355

料金：1室（2名まで）＄75　最低宿泊数：1泊から

少年になれるキャンパー

ワクワクしちゃうラナイ

目ざめると眼下には青い海

ハンドメイドのあたたかさ

シャワーは海を見ながら外でどうぞ

ワイピオでワイルドな自然と遊ぶ

ヒイラベの滝を唄ったギャビー・パヒヌイはこの雄大なワイピオ・バレーに落ちるツインフォールズを見たことがあるだろうか…などと思いながら、ボクは谷間を下っていった。まだ朝の9時だというのに、早朝の、風のないベイの波に乗って来たローカルサーファー達のジープが、下から登って来るのと出会った。ベイの波は朝10時頃にはオンショアーウインドに変わりダメになってしまう。

ヒイラベの滝から落ちた水は、谷間のタロ芋畑の水田を通り、ワイピオのベイへと流れ出る。強い雨により山から動かされて来た岩がごろごろとして音を立てている。このビーチはブラックサンドであまり人が居ない。静かな、しかしパワフルな所だ。

ワイピオ・バレーをゆっくりと見たい人には、とっておきのホースバックツアーがある。ワイピオ・ホースバックツアーは、ボクが営むバンブー・ギャラリーのある古いボテロ・ビルのオーナーが経営していて、ワイピオで生まれ育ち、谷を知り尽くしたローカル・カウボーイが案内してくれるので安心だ。馬に乗るなら絶対ワイピオで乗るべきだ。

黒い砂と白い波のハーモニー

ワイピオリッジ・バケーションレンタルは、このバレーの入り口の丘の上に建っていて、谷間を一望できる素晴らしいロケーションにある。60年代のエアーストリーム・トレーラーを利用したユニットがあり、ちょっとしたトレーラー生活を楽しめるので、ここはボクのお気に入りだ。キッチンもついているし、シャワーはアウトドアで気持ちがいい。

トレーラーにつけて作られたラナイのハンモックに横たわり、昼寝をしたり、ぶらりと谷間へ降りていく。それが日課になっていく頃には、すっかりとワイピオ・バレーのスピリットを語れるようになるはずだ。そうすればギャビーの唄うヒイラベの曲がもっと身近なハワイアンソングになって口ずさめるようになるに違いない。

ワイピオ・バレーは最も古くからハワイアンが住み着いたポリネシアン・ユートピアの谷間であった。タロ芋を作るための水が豊かにあり、しかも海からの幸がとれ、海草、魚など食生活をみたした楽園としてこれ以上によいロケーションは他にないだろう。

不思議な野草

優しい野花との語らい

ワイピオ バレーのタロ フィールド

誰でもが乗れるワイピオ ホース バック ツアー

天から山へ、山から海へと水はまわる

Pahala Plantation Cottages

963186 Pikake St., Pahala, Hawaii, HI 96777
Phone: (808)928-5012 Fax: (808)928-5050 www.pahala-hawaii.com

料金：1室（2名まで）＄85　最低宿泊数：1泊から

朝日の射し込むリビングルーム

ステア ウェイ トゥ ザ プランテーションハウス

プルメリアの木の下で昼寝はいかが

オーナーご自慢のブレックファストテーブル

午後のひとときはラナイで読書

時間が止まったままのプランテーションタウン

シュガープランテーションタウンは歴史の移り変わりとともに変ぼうした。ヒッピー系の人種が多く住み着いたビッグアイランドのパホア、ここ10年ですっかりミニワイキキ化したラハイナ、ウインドサーファーの町となったパイアなど…。

しかしここパハラの町にはそうした変ぼうはなく、静かに、プランテーションタウンとしての面影を残している。シュガーミル工場がなくなった今、この地域には島の他の地域とは違う、優しいマナ*を感じるものがある。何年か前に、ボクはここのチベット寺院でダライラマ法皇の法話にアテンドしたことがある。このウッドバレー・テンプルへまた訪れることができて嬉しかった。

パハラの町から車で10分ほどのところにある、鮮やかな色彩の、でもシンプルなこの寺院は、朝日を浴びて輝いていた。ひっそりとしたこの谷のマナと見事なまでに調和した美しい場所だ。

パハラの町はどの家もゆったりとしたスペースで心地よい。パハラプランテーションコテージを営むジュリアとマイケルは、2軒のプランテーション

静

スタイルの家を貸している、この町で唯一のロッジだ。
昨晩はマイケルのバースディ・パーティで大層盛り上がり、久しぶりにソウルフルな人たちとのカントリータウンならではの夜を過ごした…。
チベット寺院を後にして、このパーティで出会ったひとりの老カウボーイの牧場へと車を走らせた。牧場に入るとカウボーイハットの似合うゴードンは、爽やかな笑顔で朝の作業をしていた。
優しく雄大なマウナロアの裾野に広がるウッドバレーとパハラの町は、他のどのプランテーションタウンよりものどのプランテーションタウンでゆっくりと動いている。ヒーリング、リトリートを目的とする旅をプランするのなら、これほど最適なロケーションはない。何もせずただこの町にしばらくいるだけで真のものが見えて来る。古いプランテーションハウスのラナイ*のラタンチェアに座ってゆっくりとする。

マナ=ハワイの自然の神、パワー。
ラナイ=ベランダ。

ニワトリと馬の朝のお遊び

温かく優しいゴードンさん

老カウボーイと愛犬達

朝の散歩のおすすめ

朝日のあたるラナイ

ハイビスカスが日の出とともに開く

早起きには百万ドルの光が射し込む

ローカルガーデンはリゾートのガーデンなど問題外

Kailua Plantation House

75-5948 Alii Dr., Kailua-Kona, Hawaii, HI 96740
Phone: (808)329-3727 Fax: (808)326-7323 www.tales.com/KPH

料金：1室（2名まで）＄160〜＄235（朝食つき）最低宿泊数：2泊から

ナイス サイン

ビーチフロント ライフ

いつの日か船旅もしてみよう

シルエット パームツリー

窓を開ければ…

ワールド・フェイマス・コナ・サンセット

岩場に突き出したプールサイドのテラスに座り、ボクは沖を行き来するセイリングボートを眺めていた。遅い午後の光が波に反射して銀色に光っている。今日はこのままここで過ごし、サンセットを待つつもりだ。

ハワイにはサンセットの名所がいくつもあるが、コナ・サンセットもそのひとつだ。海に沈んでいく夕陽はひときわ大きく、また時としてキラウエア火山から運ばれてくるヴォグ*の影響で、オレンジとピンクと紫があい混った、幻想的な色彩のドラマを見せてくれる。

このコナ・サンセットを眺めるのに絶好のロケーションを持つのが、アリイ・ドライブ沿いにあるカイルア・プランテーション・ハウスだ。リビングは海に向かって大きく解放され、明るい太陽の光とともに、オーシャン・ブルーが目に飛び込んでくる。小さなジャグジーつきのプールや、部屋にコネクトしたラナイも目の前が海。ベッドに横たわり波の音を聞いていると、筋肉の緊張がほぐれ、自然に眠りに引き込まれていく…。

潮騒をバックにぐっすりと眠った翌朝、フレッシュなフルーツとコーヒー

今日はここで一冊本を読んでしまおう

を囲む朝食のテーブルで、この時、たまたまメインランドから休暇で訪れていたオーナーのベーガー夫妻と話す機会があった。もともとハワイ好きだった一家は、コンドミニアムでも買おうかと探していたところ、このプランテーション風の可憐なインに出会い、すっかり魅せられた娘さんの説得でB&Bを始めることにしてしまったのだという。なるほど彼女のテイストなのか、インテリアはフェミニンでロマンティック。ハネムーナーなどには最適だろう…。

ラナイにでて潮風と碧い海を体いっぱいに受け止める。このあたりはいい釣り場とみえ、早朝から2、3人の人々がもうすでに釣り糸を垂れているのが見えた。

今日はコナの港に行って、あのブレークウォーターのカベの上から釣り糸をたらそうかとぼんやり考えていた。そろそろパピオ*が入って来るシーズンだ。

ヴォッグ＝ハワイ島キラウエア火山から出来る霧の様なけむり
パピオ＝魚の名前

溶岩とブーゲンビリア

グッドモーニング

ハイビスカスにはいったい何種類の色があるのだろう

Shipman House Bed & Breakfast Inn

131 Kaiulani St., Hilo, Hawaii, HI 96720
Phone & Fax: (808)934-8002　www.hilo-hawaii.com
料金：1室（2名まで）＄150（朝食つき）　最低宿泊数：1泊から　子供の宿泊不可

ヒロ クラシック

ピンクチャーチの朝

港町ヒロがいい

TSUNAMIは英語になっている

港で釣りもいい

ヒロの古い街並をじっくりとしのぶ

1899年に建てられたこのビクトリアンスタイルのマンションは、1901年、当時の実業家W.H.シップマンによって購入されて以来シップマン家に受け継がれ、現在は孫娘のバーバラ・アンと夫のゲイリーがケアしている。そして代々続いているホスピタリティのスピリットを忘れずにお客をもてなしてくれる。

このマンションの近隣はセンスの良い家が多く、緑の森に包まれていてとてもリッチなムード。歩いて5分ほどで街にでることが出来、ヒロの街を散策するには、最高のロケーションだ。

街には印象的なシーンがいくつもある。例えば大きな白い柱が力強い、昔のままのポストオフィス。(ヒロのスタンプが入ったポストカードを、好きなひとに送ってあげるのも心憎い)

そしていくつかのミュージアム。マモ・ストリートまで来れば、水曜と土曜の朝市でヒロで暮らす人々の顔が見れる。そしてあなたもこの街に暮らす人のように、何かおいしい野菜とフルーツを買ってしまう。

ヒロベイに面した通りには、シグ・ゼーン*のショップを始めとするたくさんのユニークなショップがあり、ひと

海で育って大きくなった貝はやがて島の花につきそった

つひとつゆっくりと見て行くと時間を忘れてしまうほどだ。
ちょっと足をのばしてヒロベイの東にあるココナッツアイランドへ行ってみてもいい。ここから見るヒロの町は、マウナロアとマウナケアをバックに朝日が当たる。その街並はなんとも美しく、ボクは大好きだ。
大きな客船が週に何回か入港して来るのをぼんやりと眺めるのも何かいい。このところSUISAN（水産）の、あの赤いライトがついてないのがとてもさみしい。観光局は、こうしたちょっとした町のアクセントをもっと大事にして演出に気を使って欲しいものだ。

シグ・ゼーン＝彼のデザインしたアロハシャツ、ムームー、布地などをオリジナル販売している洒落たショップ。ヒロ、ワイルクにある。オーナーのシグはボクの古くからの友だち。

大好きな唄 "ON THE COCONUTS ISLAND" からのヒロベイ

ひょっとするとこのネオンはもうつかないかもしれない

Bamboo Gallary Inn

P.O.Box 1608 Honokaa, Hawaii, HI 96727
Phone: (808)775-0433 Fax: (808)775-0710

料金：1室（2名まで）＄100（朝食つき）　最低宿泊数：3泊から　子供の宿泊不可

ゆっくりとしていって下さい

ギャラリーもリビングルーム

古い建物はとてもいい

お隣りは教会

ホノカアの町でオールドハワイアンスタイルで暮らす

オーナーはボク。レンタルスペースはワンルームのみだから、宿泊はふたりまで可能だ。
小さなプランテーションコテージを10年前に買って、ゆっくり時間をかけてクリエートしたのがこの宿で、小さな裏庭には大きなマンゴーの木が立ち、夜のスターウォッチも楽しい。場所はバンブーギャラリーの向かいだ。
ホノカアの町は、海抜600フィートほどにあり、トレードウインドが心地よく通り抜ける、空気の澄んだヘルシータウンだ。
この町はビッグアイランドで最も昔ながらの、オリジナルなものが残っているところだと思う。ハイウェイからすこし外れたロケーションが、町の時の流れを速くさせずに済んでいる。
もうこの町にいるのならあまり遠出もせずに、じっくりと町を楽しんでもらいたい。町の図書館で何か古い本を探して目を通したり、向かいのアンティークショップであれやこれやと古いものにさわってみたり、クリスタル・マジックストーンをビーズショップで探したり…。町の人と立ち話をし、急な雨に降られたらバーバーショップの軒下で雨宿り、町外れのホノカア・ハ

町の図書館で今日は何の本をさがそうか

オン ザ ウェイ トゥ ホノカア

イスクールのフットボールのゲームを町の人と一緒に応援するのもいい。毎日がのんびり、幸せな時が流れる。そして1930年代に建てられた町の映画館、ホノカア・ピープルズ・シアターで、古いシートに座り、ポップコーンを食べながら見る映画。こんな田舎なのに、日本よりもはるかに早く新しい映画がやってくる。バンブーギャラリーの前には毎週土曜にヒロと同じように朝市が出る。小さいスケールだが、町のキャラクターが集まり、おしゃべりやライブミュージックで盛り上がるのだ。

トマト、ナス、ワラビはいかが

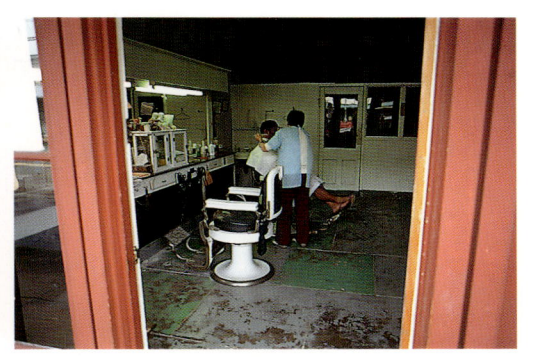

THE BARBER IS A LADY

ウェルカム トゥ パスト タイム

田舎町のおしゃれなお店

ずっと変わらぬ町のスナックショップ

キュートなリズの作るサンドウィッチ

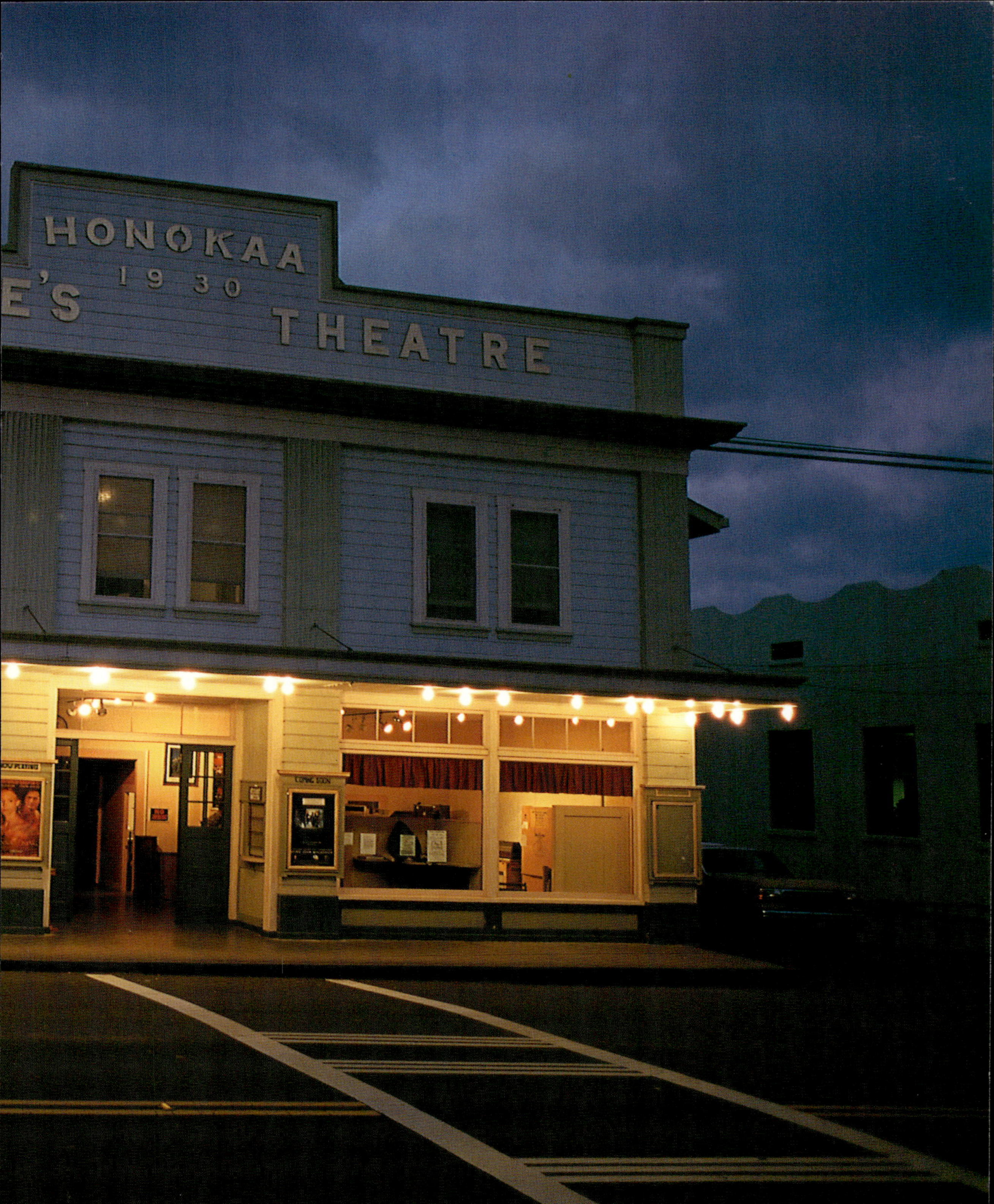

HONOKAA
1930
E'S
THEATRE

PEOP

ANNA AND THE KING
FRI SAT SUN   7:00 PM   PG 13
BEING JOHN MALKOVICH
TUES THUR   JAN 25 & 27   7 PM   R
WED JAN 26 FREE ENERGY LECTURE

Kealakekua Bay Bed & Breakfast

P.O.Box1412, Kealakekua, Hawaii, HI 96750
Phone: (808)328-8150 www.keala.com

料金：1室（2名まで）＄95〜（朝食つき）最低宿泊数：2泊から

さりげなくおかれたプルメリアの香り

ドルフィンは遠くから見守ろう

B&Bの庭をひとりじめ

まだ残る漁村

すい込まれそうな静かな夕日

キャプテン・クックが到来したベイを見下ろすこの家

HAWAI'I

モダンなアーキテクチャーの造りの原則は、光が入り風が流れること。そして、これがアイランドスタイルを楽しむ第一条件だ。ケアラケクアベイB&Bは、庭のフロントローンから見下ろすケアラケクアベイが絶景だ。静かな午後のひととき、ただ鳥の鳴き声と風の音を聞きながら、やがて夕暮れになり、サンセットタイムでその美しさはピークに達する。この美しいガーデンの海側にはコテージが別にあり、長期に泊まる人たちに人気がある。ここでの暮らしは素晴らしく、ずっとこのままここに居たくなってしまう。

近くには、ペインテッド・チャーチが丘の上に建ち、チャーチの中の壁は美しい色でペイントされている。夕陽が差し込む頃が、この絵を眺めるのに一番素晴らしい時間だ。この夕方の時間に、何年前であったろう、日本でもヒットしたシーウインドというハワイのポップグループのリードボーカリスト、ポウリーン・ウィルソンの結婚式に出席したことを思い浮かべる。

ベイの下にはアンティ・マーガレットのマッサージ・ビーチハウスがあり、ロミロミ・マッサージ*を学べるし、メディテーションセンターの様なところ

古い物は大切に使うこと。このテーブル、イスひとつひとつに歴史がある

マナゴホテルのロビー

ロミロミ・マッサージ=ハワイ風のマッサージ
マナゴホテル=日系人経営の古いホテル

もある。ここケアラケクア・ベイは体も心もクリーンアップされる本物のヒーリング・スポットだ。
次の朝は早起きしてマナゴホテル*へブレックファストを食べにいった。50年代頃からのチェアとテーブルに、なぜか心が休まる。この朝のなごやかな空気は、9時頃になるともう暑い空気に変わってしまう。

何もしないアフタヌーン

大きなベッドはとてもいい

レッツ プレイ カード

こうした風景もあと何年もってくれるのだろうか

P.S. DROP ME A LINE

サンセットを楽しむグレーブヤード

リビング イン ザ 極楽

Dragonfly Ranch B & B

P.O. Box 675, Honaunau, Hawaii, HI 96726
Phone: (808)328-2159 Fax: (808)328-9570 www.dragonflyranch.com

料金：1室（2名まで）＄85〜（朝食つき）最低宿泊数：3泊から　5歳以下の子供の宿泊不可

このバスタブの外はジャングル

もう一週間居ようかな

ワンちゃんもハッピー

ゴールデンカラーの夕陽

夕陽が射し込むバックヤード

オーガニックにスピリチュアルに暮らす

HAWAI'I

コナの雑踏を逃れてケアラケクアまでくると、空気が一変する。ホウナウナウ*がなぜこのショアにあるのかが、体をもって感じ取れる。ドラゴンフライ・ランチはホウナウナウの少し上の丘にあり、ここからのサンセットは印象的だ。大きなモンキーポットの木の枝を通して、アーティスティックに陽は沈む。ここではオーガニックなフルーツ、野菜を育て、マッツサージセラピーまでしてくれる。オールド・ヒッピースタイルの宿だ。

ボクは次の朝早く、ホオケナビーチへ向けて、朝のコナコーストの山あいを朝日を受けながら走った。ホオケナビーチもこのところすっかりドルフィンがこなくなってしまった。いつからか人間達が勝手にドルフィンに近づいてヒーリングなどといっている。ドルフィンがいい迷惑だ。

ホウナウナウ＝古代ハワイアンの聖地

ピクニック アンダー ザ ツリー

ハワイの旅をきっかけに禁煙したら

ヘイ ポール レッツ ゴー スイミング

イエローV.W.バンもいいなー

...ting the EARTH...

Not
...e
...ass the
...phins

...son This Beautiful Place!

Thank you for Res...
MAAHLO

Do...
Tic...
Har...
Dol...

Lilikoi Land

P.O.Box 61831 Honolulu, HI 96839
Phone & Fax: (808)536-8044 www.lilikoiland.com

料金：1室（4名まで）$75　　最低宿泊数：1泊から

リリコイとはパッションフルーツのこと

二人だけのコテージ

アメリカ最南端のB&B

マウンテンバイクを借りてみよう

自然のパターンは美しい

サウスポイントで不思議なパワーを充電する

HAWAI'I

サウスポイントから大平洋を眺める。大平洋のど真ん中、アメリカ合衆国で一番赤道に近いポイントにいることを頭の中でイマジネーションしてみる。自分がいかに極限に近いポイントに立っているかを感じたら、グリーンサンドビーチへ歩き、熱く灼けた砂の上に素肌で横たわりそのパワーを授かる。

遠くマルケサス・アイランドから航海して、はじめてポリネシア人たちがハワイに着いたのが、このサウスポイント近くだといわれている。

朝一番にこのサウスポイントのクリフを訪れると、船で釣った魚を、20～30メートル下の海から上にあげる作業をしているシーンに出会える。そうかと思えば、少し近いスポットから海へ飛び込んで遊んでいるローカルボーイ達に会ったりする。ちょっとドライブすると、ナアレフやワイオヒヌの村があり、遠い昔あの小説家マーク・トウェインもこのあたりをゆっくりと馬で旅したという記録が残っている。

ここリリコイランドは何もない草原から少し山側にいったところにあり、この庭から見上げる大空の星は、信じられない程の数で、自分の存在が何とちっぽけなものなのだろうとつくづく思う。

Holualoa Inn

P.O.Box 222, Holualoa, Hawaii, HI 96725
Phone: (808)324-1121 Fax: (808)322-2472 www.konaweb.com/HINN

料金：1室（2名まで）＄150〜（朝食つき）　最低宿泊数：1泊から　13歳以下の宿泊不可

コナの山合いは朝晩が冷える

ずっと下に海が見える

インの中のガゼボー

広いリビングルームの心地よさ

ちょっと知的にバケーション

HAWAI'I

ビーチフロントのプールと住宅街の家のプール、プールにはそれぞれのキャラクターがある。
プールサイドのデッキチェアに座り、太陽の光を頭で受け入れ、ジリジリとした暑さを頭で受け入れ、ジリジリとハダが黒くなるのを感じるこの瞬間は、一種のエクスタシーだろうか。
ホルアロアの村にあるホルアロアインのプールは、標高1000フィート以上はあるだろうロケーションで、遠く眼下にカイルアコナの町や、コナコーストラインを見渡し、まるで自分が映画のシーンに入り込んだかのような気分にさせてくれる。プールサイドのデッキチェアは極上のエクスタシー・スポットだ。インの室内はゆったりとしたスペースが保たれている。壁にはオーナーの両親が描いたという印象的な油絵がディスプレーされ、リビングルームでのビリヤードもまた楽しい。
村のメインストリートはわずか2ブロックの間だが、アートギャラリーを中心にアンティークショップ、古くから残るコナホテルなどがいい味を出している。そしてバードオブパラダイスが村に残る墓地を明るくしている。
こうした村にも日系移民の苦労が今

風が通りすぎ、バンブースクリーンがゆれるひととき

実ったかのように、幸せそうな日系老人達を見かける。キムラ・ラウハラ・ショップ*にも久しぶりに顔を出そう。ケアウホウビーチでひと泳ぎしたボクはカイナリウへ足を伸ばし、てしまレストラン*でオムライスをランチに食べて、インへ戻った。午後のコーヒーブレイクはワンブロック先のカフェ・ホルアロアでいつも休む。ここは美味しいカフェラッテが飲める。ガーデンでのゆっくりした時間が何ともいえないい時間。

帰り道、ちょうど学校が終わる時間になったのだろうか、スクールバスが止まると一斉に子供達がバスから降りて来た。村のワンパク坊主どもは、ほっとする笑顔でボクに声を掛けて来た。パチリとワンシャッター。

キムラ・ラウハラ・ショップ＝ホルアロアにある日系老人が営む、昔からのラウハラ（パンダナス、ヤシの葉）などで作る小物やバッグの店。てしまレストラン＝古くから残る日系人経営の日本食レストラン

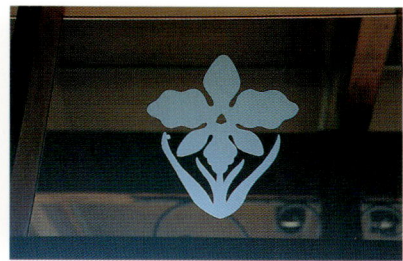

ガラスのアートもいいものだ

入口からしてシャレている

コナホテルの古さは誰にも作れない

コナコーヒーのカフェラッテが美味しい

日系移民の人達があっての今のハワイなのです

光と影

Kilauea Lodge Country Inn

P.O.Box 116, Volcano Village, Hawaii, HI 96785
Phone: (808)967-7366 Fax: (808)967-7367 www.kilauealodge.com

料金：1室（2名まで）　$130〜　（朝食つき）最低宿泊数：1泊から

ボルケーノ ビレッジは暖炉があう

たまにはファインダイニング

ハワイに合うアートは気持ちいい

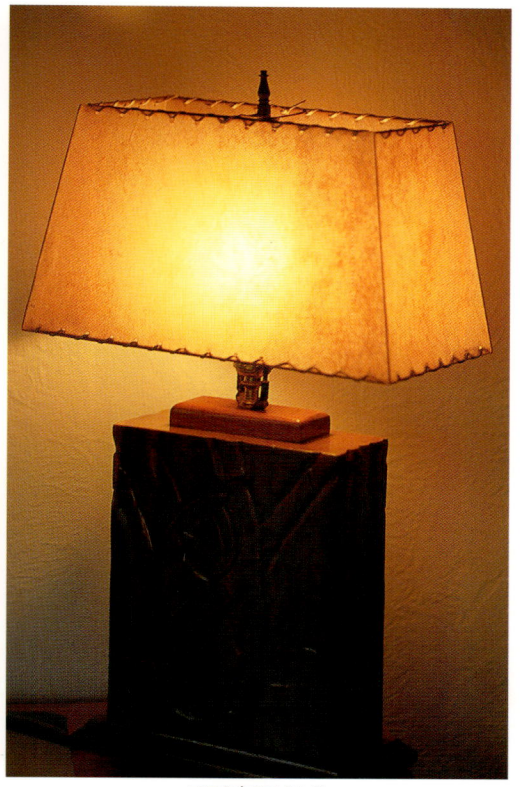

コアの木のスタンド

ハワイで冬気分

暖炉は、パチパチと心地よいノイズをたてながら燃えている…。外は濃いミルク色の霧がたちこめ、気温はずいぶんと下がってきていた。だがボクは部屋の中で、明々と燃える炎とワインの酔いにカラダの外側も内側も暖められ、幸せで満ち足りていた…。最近また人気が出て来たカスタネーダの本でも読んで、ゆっくりと夜を楽しむ…。

今日、ボルケーノに遊びにきたボクと友人のカウラは、折からの霧雨に予定を変更して、ボルケーノ・ヴィレッジに宿を取ることにし、ここキラウェア・ロッジに辿り着いた。

ロッジのレストランで夕食を済ませた後、部屋に引き上げたボクらは、暖炉の前に陣を取った。こじんまりとした部屋は、清潔で暖かみに溢れ、不思議に心を和ませる。今晩は特に何もせず、ここでゆっくり過ごそう…。カウラは暖炉にもう一本薪を足し、ボクは二本目の赤ワインを開けた。

ハワイ諸島唯一の活火山・キラウェア国立公園のそばにあるボルケーノ・ヴィレッジはアーティストたちが集まるコミュニティで、B&Bも数多くあるエリアだ。なかでもこのキラウェア・ロッジは一番の老舗格。ヨーロピア

森の中のキュートなベッドルーム

ン・スタイルのおいしい料理をたべさせてくれるレストランと、カントリー・スタイルのシャレた13のゲストルームからなり、世界中の人々が訪れる。
翌朝は一転して青空が広がっていた。透き通るような朝の光が、まだ濡れているシダの葉の上でキラキラと踊っている。早朝のボルケーノ・ヴィレッジの散歩は自分が今どこの国にいるのかが解らなくなるほどの別世界だ…。
カウラとボクは昨日話していた火山の神ペレに会うために、今日はプナまでドライブしようと決めた。

美しい緑はほっとする

ロッジ内のレストランがシックでいい

広いフロントローン

また来年もここで暮らそう

レフアの花は雨がお好き

シダの葉はやはり逆光でさえる

毎日のように大きくなっているビッグアイランド

そして新しい命が生れる

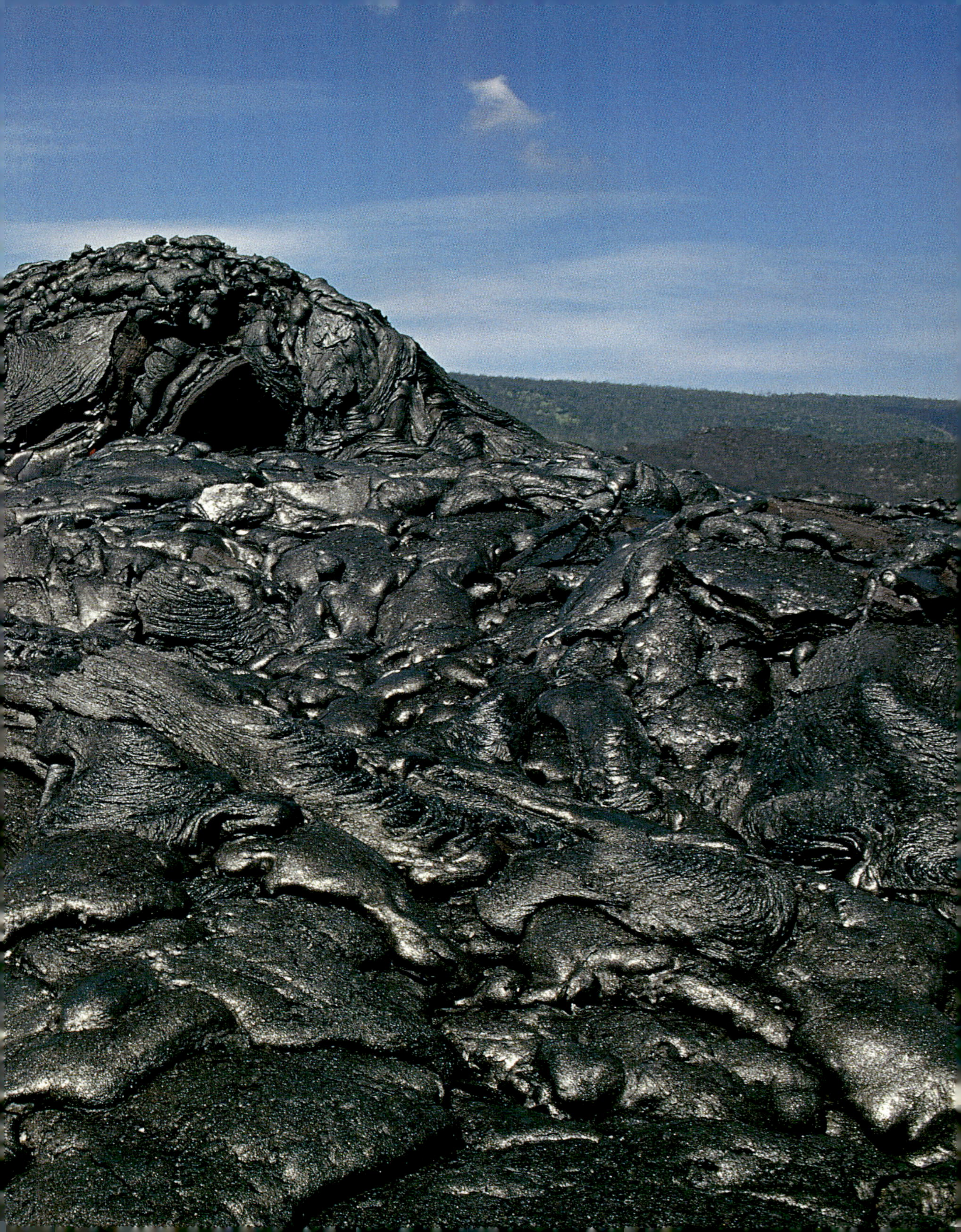

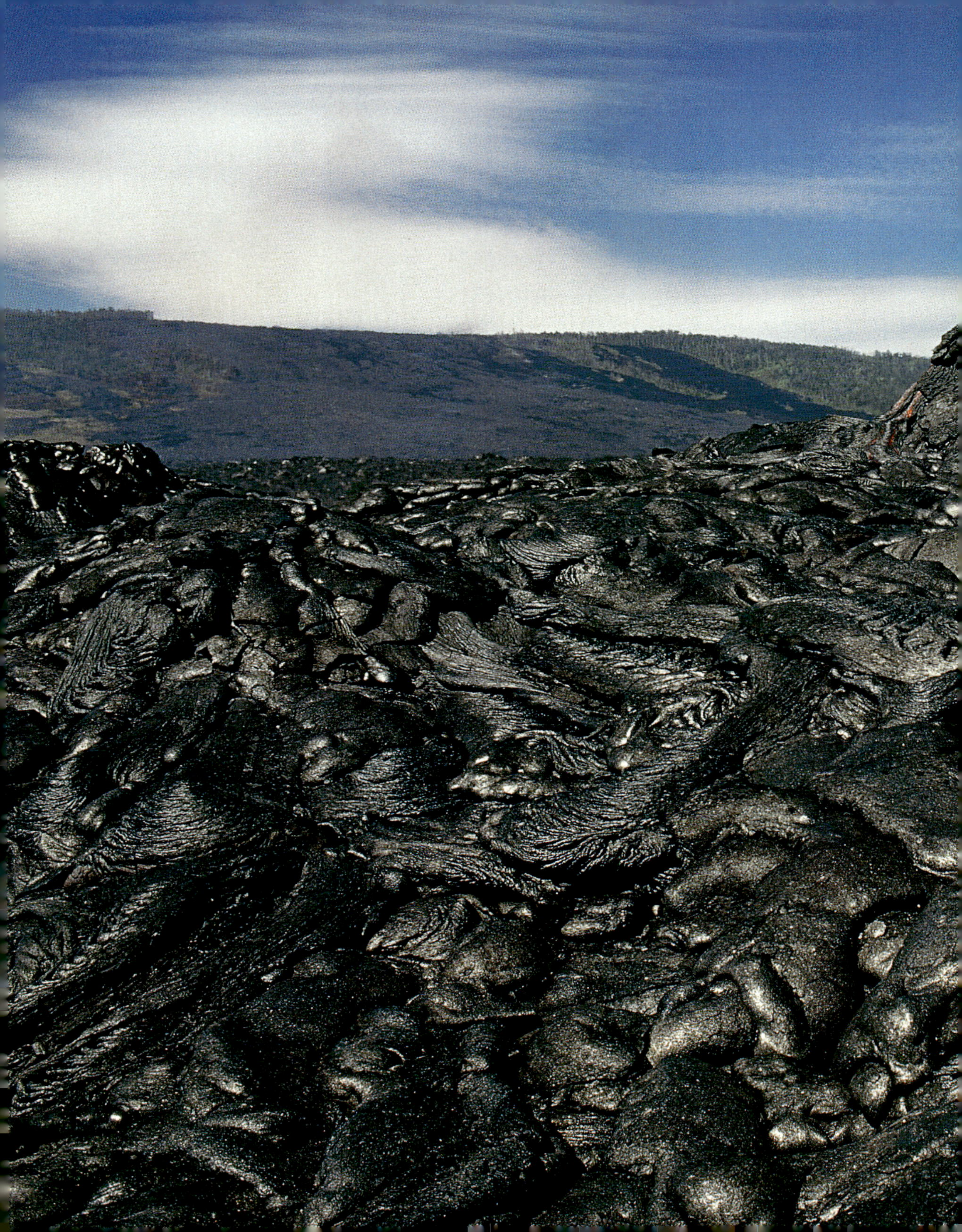

Kohala Country Adventures
Bed & Breakfast

P.O.Box 703, Kapaau, Hawaii, HI 96755
Phone & Fax: (808)889-5663 www.stayhawaii.com/kohalacountry

料金：1室（2名まで）＄55〜　　最低宿泊数：2泊から

カントリーライフ

フルージング アフタヌーン

行きつく所まで行ってみればいい

幸せな子供達

馬達も涼しいのがお好き

コハラカントリーライフ

HAWAI'I

ハワイ島の北の突端にあるハヴィの町に向け、ボクは車を走らせていた。道の両側に並ぶオーストラリア・パインの並木が、大きく揺れ、ざわめいて、まるで潮騒のように聞こえる。

ノース・コハラ・マウンテンを貫くコハラ・ロードは、ゆるやかなアップダウンが続く気持ちのよい高原ドライブ・ルートだ。島の北端へと至る2本の道のうち、ボクは好んでこの道を通る。道の行き着く先ハヴィは小さな小さな田舎町。すぐ隣町のカパアウとども、サトウキビ産業と共に盛衰退をたどったところで、一時はずいぶんと淋しい気だったものだ。しかし最近はカフェやギャラリーがポツポツとでき始め、観光客の姿も見かけるようになってきた。

カパアウの町外れ、野花やフルーツ・ツリーが生い茂る中に、アーティストのボビーが営む素朴でシンプルなB&Bがある。自宅の一角につくられたゲストルームは、知らなければこんなところに宿があるとは思えない、まさに隠れ家的な場所だ。

ふたつあるゲストルームのうち、ガーデンに近い部屋にはジャグジーが、

カメハメハ大王はビッグアイランド生れ

お地蔵様もトロピカル

メゾネットになっている部屋には、眺めのよい広々としたラナイが備え付けられている。
ハワイにある多くのB&Bが、アメリカ本土から新しくやってきた人々で経営されているのに対し、ボビーはもう20年以上もこのコハラの地に居を構えている真のカマアイナ*だ。
ガーデンを望むチェアに腰掛け、ボビーの話に耳を傾ける。コハラコーストとハヴィ、カパアウがどう変わってきたのか…。ふと、ボクはこのコミュニティの一員になって、長いことここに住んでいるかのような居心地よさを覚える。暮らしているようにステイできる、それがこの素朴な宿の魅力だろう。

*カマアイナ＝ハワイに住んでいる人のこと

ちょっとバリ風のレストラン

ローカル ハワイアン ミュージックはローカルクラブで

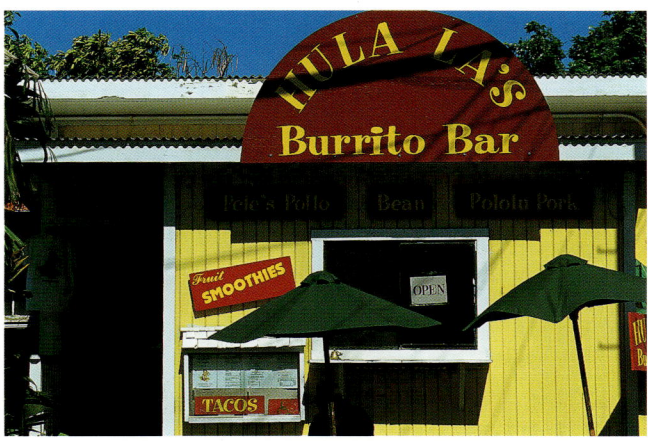

暑いところにメキシカンフードも合う

E Walea By The Sea

25 Puako Beach Drive, Kamuela, Hawaii, HI 96743
Phone: (808)882-1331　www.ewaleabythesea.com

料金：1室（2名まで）＄65〜（朝食つき）最低宿泊数：2泊から

夢でフラを踊ってた

甘い香りのプルメリア

トロピカルフラワー アレンジメント

シェル レイのコレクション

フラを学び暮らすビーチコミュニティー

HAWAI'I

ハワイ島北西部のコハラ・コースト周辺は、地平線の彼方までゴツゴツした溶岩が見えるだけの、住む人を寄せつけない不毛の大地だ。草木ですら申し訳程度にしか生えないこの溶岩大地の向こうには、美しいホワイト・サンドとクリスタル・ブルーの海を持つビーチがいくつも点在している。道もなかったハワイ王政時代、険しい溶岩に阻まれたこのシークレット・ビーチたちは、王族や漁師などごく一部の人々のみがアクセスできる特別なスポットだった。

その名残りを今に残す小さなビーチ・コミュニティがプアコだ。かつてハワイアン・フィッシャーマン・ヴィレッジだったここは、今も200世帯があるのみの静かな村で、今では豪華なリゾートホテルが林立するこのコーストラインの穴場的な存在だ。遠くコハラマウンテンから流れる雨水は地下へもぐり込み、このプアコの地域の海の近くで湧き出ている。

ここに、昔から家族が持つ小さな家を受け継ぎ、新しくB&Bをはじめたのが、ビッグアイランドで生まれ育ったプナヘレと、パートナーのケリーだ。建物やインテリアはごくシンプルでな

二人だけのサンセット ウォッチング

んということもない普通の家庭のようだ。だがこの宿にはなんといってもプナヘレのホスピタリティが生きている。ハワイアンの血をひくプナヘレは、フラを伝承するのに重要な、クム・フラの資格を持つ男で、ハワイの伝統・文化、歴史、自然によく通じている。かつてのネイティブ・ハワイアンがそうであったようにハワイ語を流暢に話し—今ではハワイ語ですらしゃべれる人は少ない—チャント*を詠み、ハワイのスピリットを真に解するフラ・ダンスの師匠なのだ。そして彼自身の師はあのアンクル・ジョージ・ナオペ*だからすごい。

要望があれば宿泊してフラのレッスンをするのも可能。またハワイアン・ミュージックやダンサーをフューチャーしたハワイアン・ウエディングもアレンジしてくれる。

ハワイアン・スピリット、本当のアロハの心をここにくれば感じることができる。

チャント=フラなどで使う祈りや語りのこと
アンクル・ジョージ・ナオペ=ハワイ島在住のフラ第一人者

少年達が作ったベンチ

手つかずのパームツリー

コハラマウンテンの向こうにワイピオバレーがある

The Old Wailuku Inn at Ulupono

2199 Kaho'okele St., Wailuku, Maui, HI 96793
Phone: (808)244-5897 Fax: (808)242-9600 www.mauiinn.com

料金：1室（2名まで）＄120〜（朝食つき）最低宿泊数：2泊から

本当のマウイが残っている

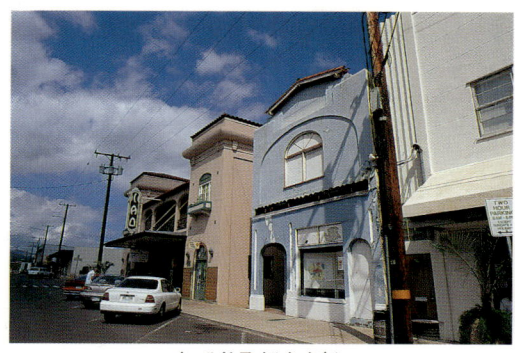

オールド ワイルク タウン

ほっとする古い街

イアオ シアター

アンティークショップが良く似合う

ゆっくりと本当のマウイを楽しむ

ワイレア、キヘイ、ラハイナ、カパルアといった、ウエストサイドのリゾートから離れた町、ワイルク。昨年ヒロのシグ・ゼーンもこの町が気に入り、ショップをオープンしたというこのマウイのオールド・キャピタルは、ビッグアイランドのヒロを思わせる古い街並が残っている。

ここワイルクの町はずれに、オールド・プランテーション・スタイルのイインがある。

ハワイアナスタイルのインテリアに囲まれた部屋は、誰にも邪魔されず書き物をしたりするのにいい。そして、小さいがよくバランスのとれたガーデンを見ながら、ラナイのラタンチェアでゆっくりと午後のひとときを過ごす。

ここではすべてのものがさり気なく心地よく演出されていて、とても心が安らぐ。ワイルクの町にはまだまだオールドハワイが残っている。ローカルなフィッシュマーケット、ベーカリー、ローカルレストラン、昔のサインがそのまま残っているいろいろなお店をブラブラとのぞくのも楽しい。ロウアーメイン・ストリートにはアンティークショップも幾つかあって、時折予期せぬものに巡り会うのがこのワイルクの町の魅力だ。

どのチェアに座っても心地良い

特に早朝の散歩では、思わぬ場面に出会うことが多い。人がまだ来ない朝のイアオニードルまでジョギングし、そして帰りはゆっくりと歩いて帰ってもいい。こうした時の使い方はリゾートホテルでは絶対出来ない…。

午後のショッピングは、マウイモールやカアフマヌ・ショッピングセンターまで5分という便利さで、ここに来れば何でも揃う。B&Bのすぐ近くに古いジムが残っており、週のうち2日ほどはローカルボーイが集まり、バスケットボールのフリーゲームを楽しんでいる。ボクも何度かピックアップゲームに参加してゲームをしたことがあった。こうしてローカルの連中とスポーツを通じて知り合うにはB&Bに泊まり、ローカルパークやジムに行ってみるといい。

アフタヌーンティーはこちらで

大人のムードのベッドルーム

ランプがうまく使われている

オールドハワイアン スタイル

インテリアの心くばり

パーキングスペースも美しい

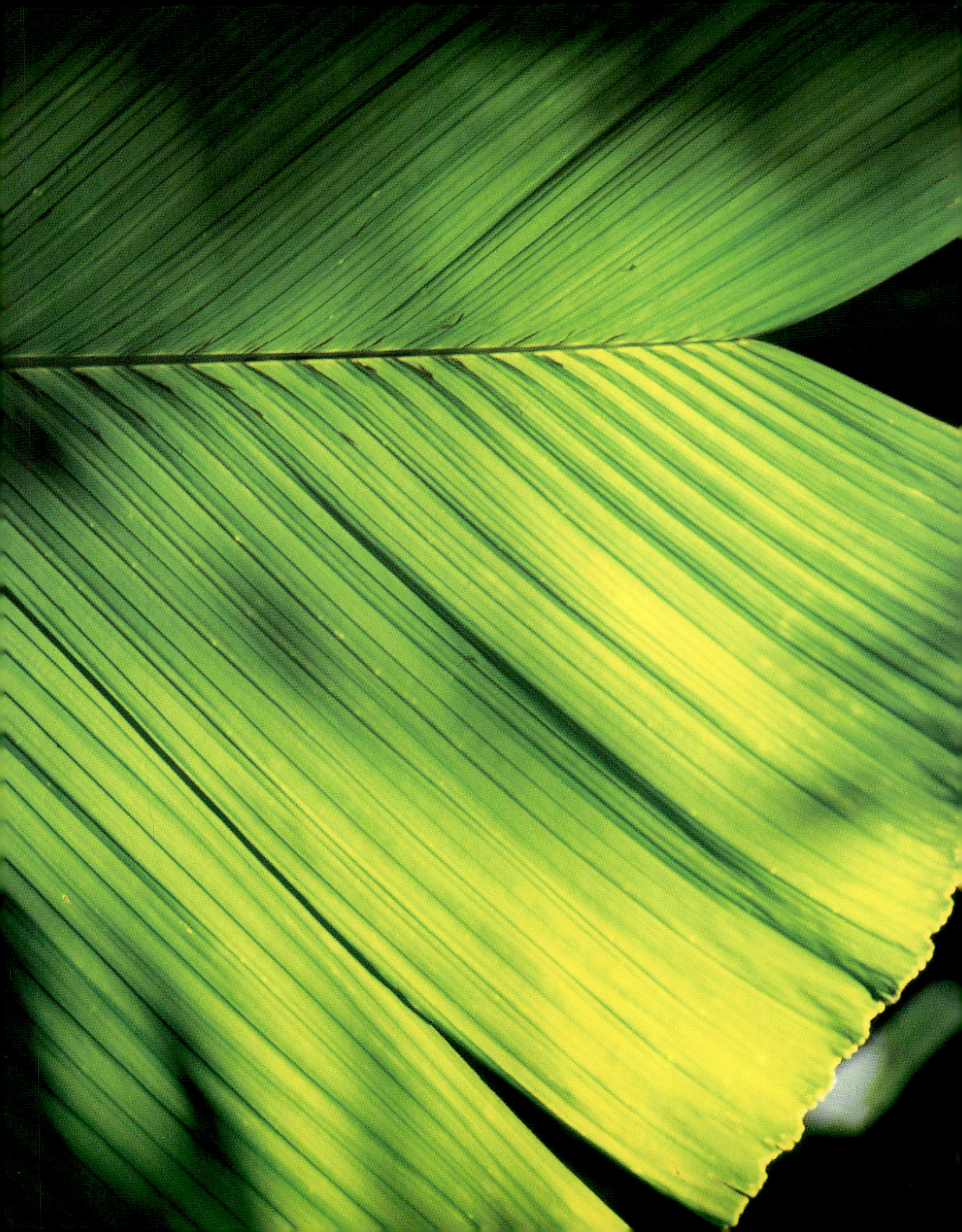

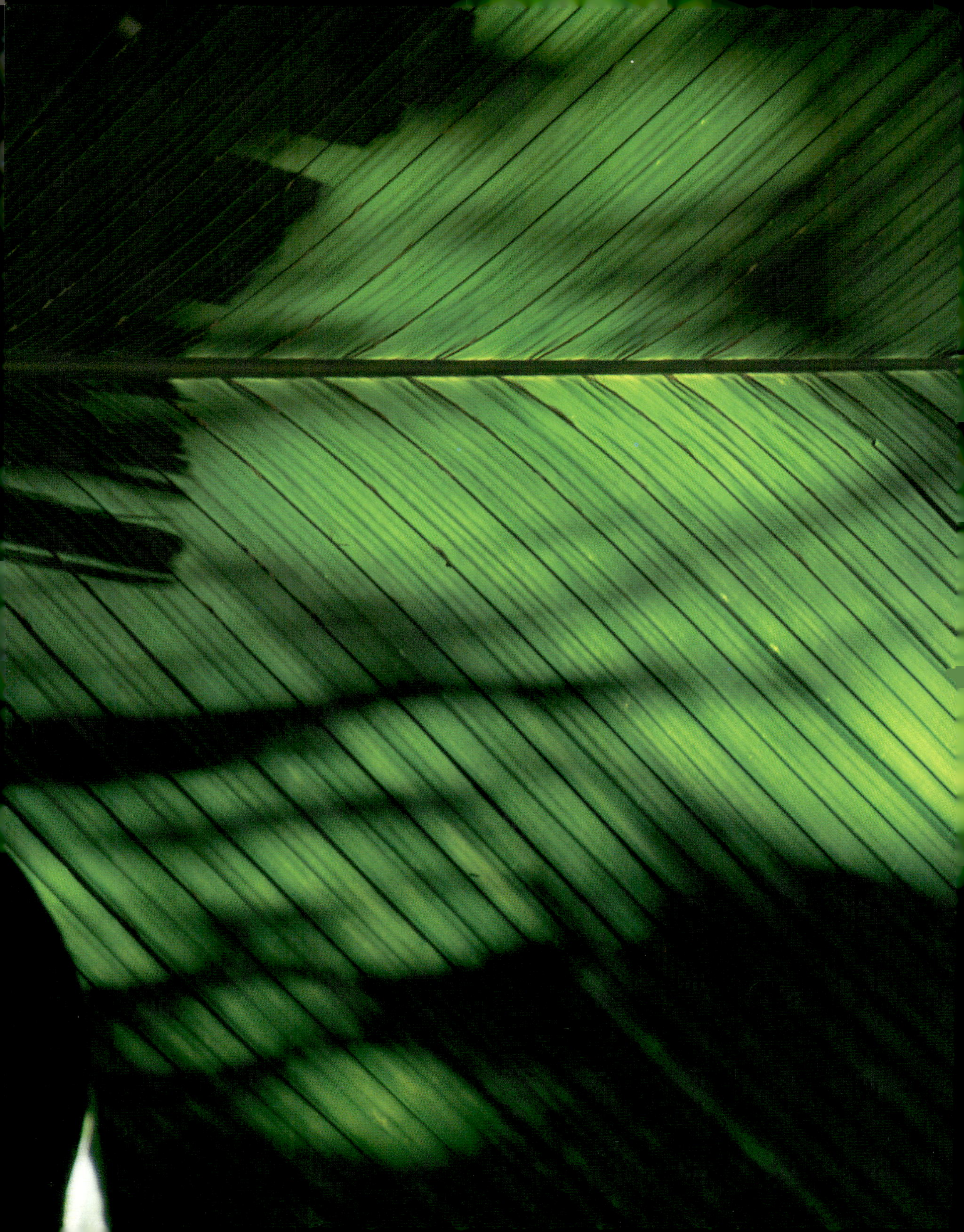

Lahaina Bambula Inn

518 Ilikahi St., Lahaina, Maui, HI 96761
Phone: (808)667-6753 Fax: (808)667-0979 www.bambula.com

料金：1室（2名まで）＄90〜　最低宿泊数：3泊から

港町で暮らす楽しさ

港の宿はグリーンのペイントがいい

ジントニックが港にマッチ

ハッピー レイ メーカー

メンバーズ オンリー

港町ラハイナで遊ぶ

MAUI

ラハイナの町の良さは、港町がそうであるように、誰かとの重要な出会いの場所だったり、自分自身を再発見する出来事が起こったりすることだ。この港町にあるバンブラ・インに泊まり、朝夕とラハイナの町をぶらつき、波乗りをした後は、オーナーのピエールと、ヨットで沖に出てサンセットを楽しむ。こんな贅沢な暮らしは一生のうち4〜5日あってもいい。

ボクがはじめてラハイナを訪れたのは1973年の冬だったと思う。フロントストリートとラハイナ・ルナ・ストリートのコーナーに古びた港町のバーがあり、ここをさらにワン・ブロック行った海側のラハイナヨットクラブにあるプライベートクラブハウスのバーでよくビールを飲んだものだった。今もこのプライベートバーは海の男達のたまり場として賑わっている。

シンプルを味わう贅沢さを日本人は忘れかけていると思う。B&Bの中はハワイアンパシフィックスタイルで風がよく通り抜けて心地よい。

今日は午後になっても風もなく雲一つない、穏やかな日だ。こんな日でも

一度は見ておきたいラハイナの港の夕暮れ

朝早くから仕事に出かけている人もいるかと思えば、その日その日をぶらぶらと流れて過ごす人もいる。同じ島で同じ時間内で人によってずいぶん違う。誰がえらいというのでなく、その時自分が何をしたいか、どこに居たいか、どれだけ自分の気持ちに素直になれるかである。
ローカルの子達が波乗りをしているのをぼんやりと見つめていると色々なことがクリアーになっていくのがわかる。

美しく輝く花ビラ

サーファーズ パラダイス

パイオニアインのマスコット

レインボー パラダイス

Silver Clouds Guest Ranch

RR2 Box 201 Kula, Maui HI 96790
Phone: (808)878-6101 Fax: (808)878-2132 www.silvercloudranch.com

料金:1室(2名まで) $85〜(朝食つき)最低宿泊数:1泊から

ピンクに染まるB&B

朝日が気持ちいいリビングルーム

鳥の大好物は今食べ頃

トロピカルな神様みたい

アップカントリーは静かです

アップカントリーは朝のクリスピーな冷たい空気で始まる

MAUI

カフルイエアポートから、一気にハレアカラ・ハイウェイを山に向けて登り出す。やがて道はプカラニで右へゆるやかに折れる。この近くのジャンクションで、337号線へ曲がれば、そのままハレアカラの山頂まで1時間たらずで行ける。

都会の雑踏から離れ、いや、下界のリゾートシーンから抜け出すには、ハレアカラの中腹にあたる高原地帯・クラの静かなロケーションは最高だ。

このクラにあるB&Bシルバー・クラウズは、クリスピーな夜の冷たい風に当たり、星空を眺め、緑いっぱいの牧場内での時の流れを楽しめる宿だ。

様々な花が咲き乱れ、鳥たちが朝早くから唄い出す。こうした静かな朝、朝食をゆっくりとすませ、今日は何の本を読もうか思案していると、オーナーのアナリーがケルテック・ハープを弾きながら、美しい澄んだ歌声で鳥たちと遊び出した。

ポニーや小ぶたそしてネコの桃太郎が陽溜まりのステップにいつも陣取っている。ニワトリたちもたくさんいて、すっかりのどかな田園風景に、心もりラックスする。

南の斜面を見下ろせば、ワイレア、

ハレアカラ サンライズは一生ものの思い出

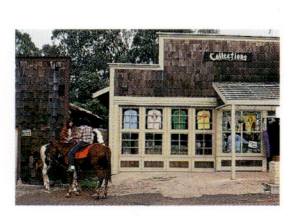

キヘイ、ウエストマウイが眼下に広がり、遠くモロキニ島、カホオラウェ島、ラナイ島までが見渡せる。ここからのサンセットは素晴らしい。

この宿をベースとするなら、ハレアカラの山頂へのドライブや、時間があるならクレーターでのトレッキングがおすすめだ。月世界の様な、奇妙なランドスケープの中にいる自分が不思議な存在と思えてくるかもしれない。カウボーイ・タウン、マカワオへちょっと顔を出すのも楽しい。

この日、クレータートレッキングを終えたボクは、クラ・ハイウェイをさらに南に進んだケオケアにある小さなカフェ、グランマズ・コーヒーハウスに立ち寄り、オーガニック・コーヒーを飲みながら、午後のひとときを何するとはなく過ごすことにした。

ここを下って3日後にハナに着く

朝日がハープの音と遊ぶ時

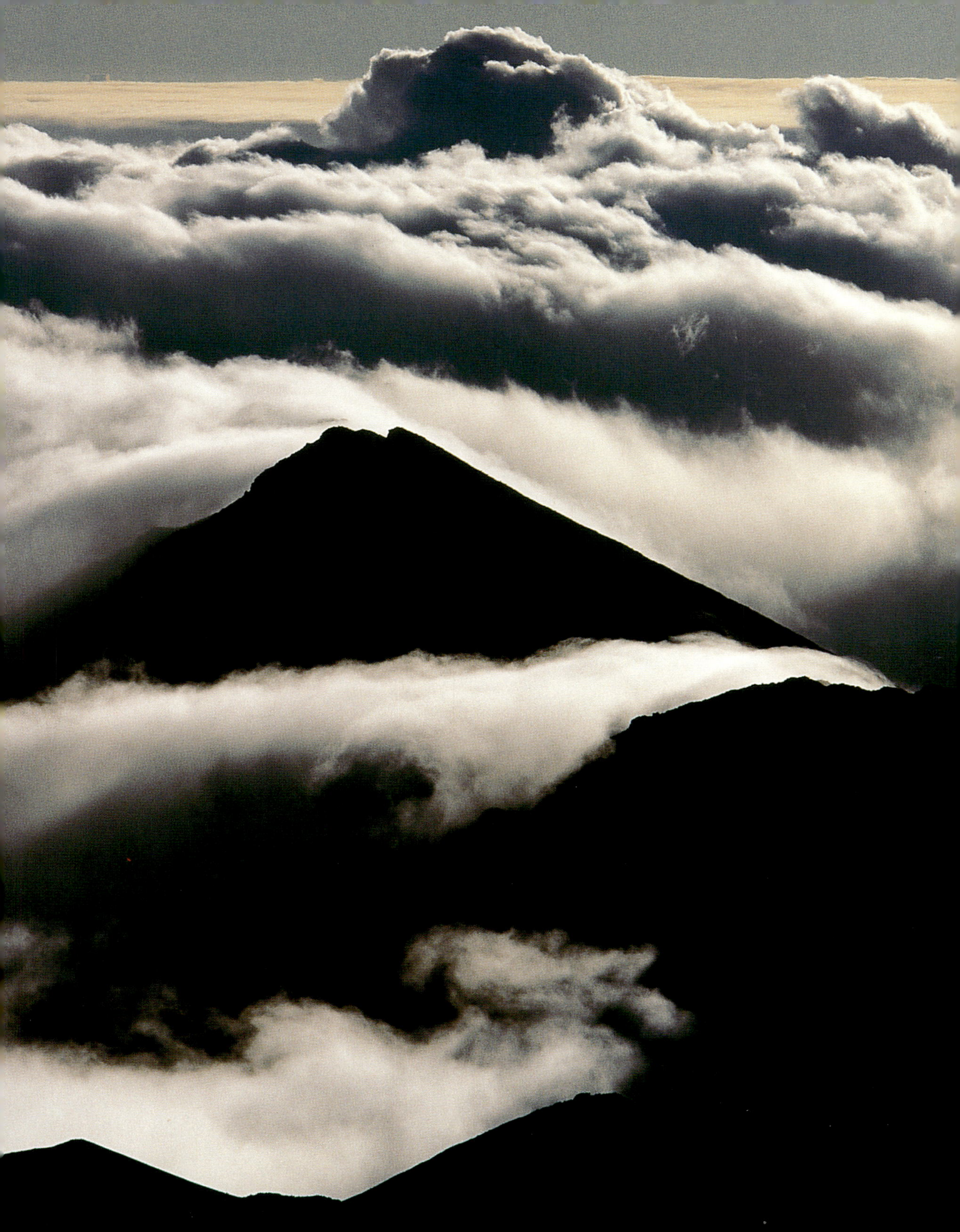

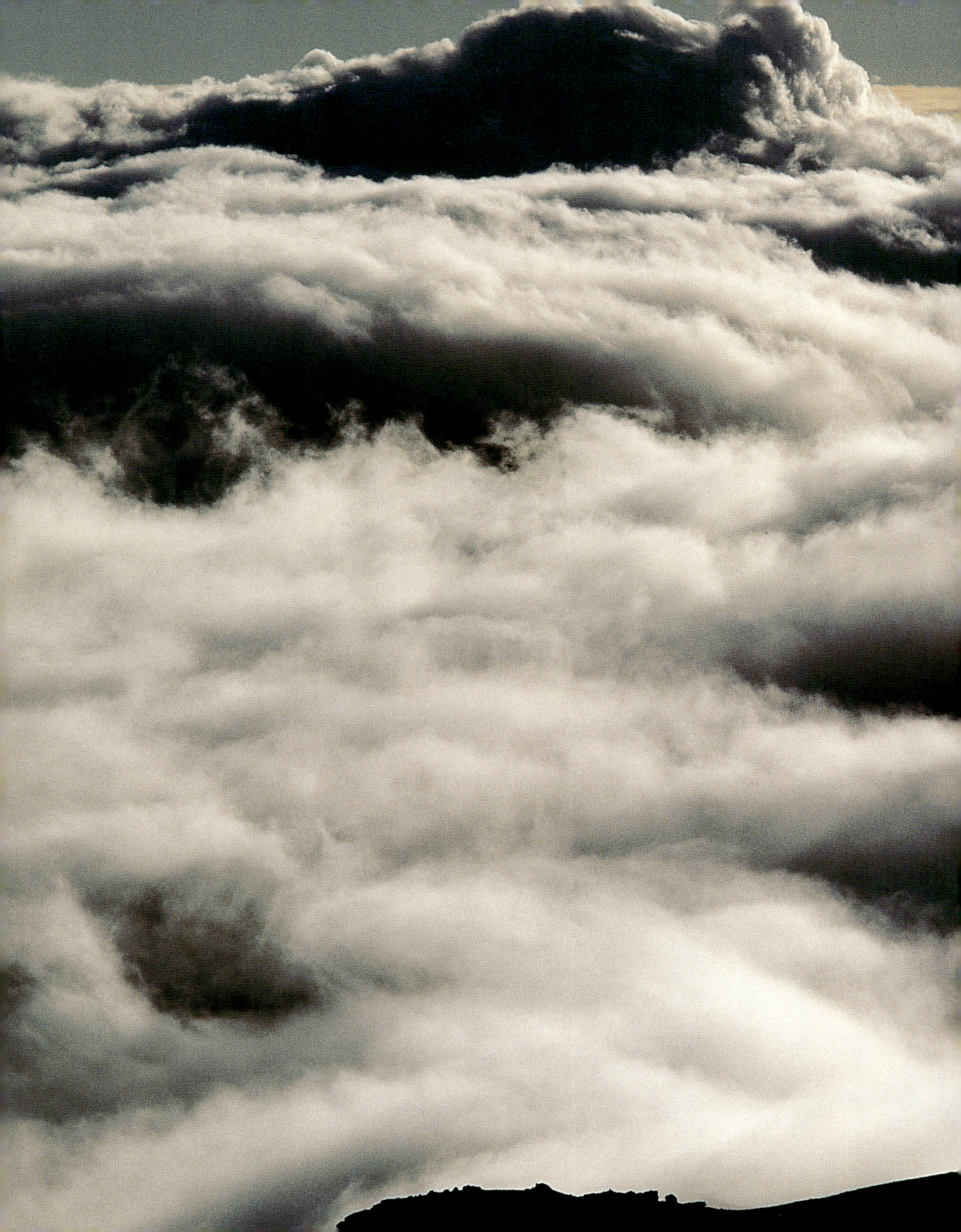

'Ala' Aina Ocean Vista Bed & Breakfast

Star Route 184-A, Kipahulu, Maui, HI 96713
Phone: (808)248-7824 www.maui.net/~ala-aina/aina.htm

料金:1室(2名まで) $115 最低宿泊数:2泊から

ここまで来れば誰にも会わない

オールドフィッシャーマンのバックヤード

プラスティックのブランコは子供によくない

ハナコーストジャングル

ブラックサンドビーチは絵になる

ハナのトロピカルレインに身をぬらす

MAUI

道のコンディションが10倍以上よくなったハナハイウェイを走り、ハナの村に入って来た。ハナベイも、岩の十字架のある丘も変わりなく、いつもの静かな空気がある。

この村からさらに10マイルほど行ったセブンシークレットプール*の近くに、アラアイナ・オーシャンビスタがある。ジャングルの中にひっそりと佇む、落ち着いた雰囲気の宿だ。マウイの自然に本当に触れたい時はここまで来ればギャランティー、ちょっとしたトムソーヤの冒険気分が味わえる。

数々のウォーターフォールズへのトレッキング、ハナの沖合いを流れる小さな雨雲にかかる夕方のレインボーに出会える事と、都会のビルの谷間を歩くボクがいつも思う日本で非日常な出来事だと思っていることが、ここハワイでは日常的に起こっている。

だからハワイの日常生活を愉しみにB&Bで暮らしてみるといい。ハワイの自然は人が思っている程やさしくない時もある。自然に感謝する心がない。

沖を通る雨雲を見ていれば虹の神様がやってくる

ハナの山々

と痛い目に会うことがあるのだ。ゴミ、ましてタバコの吸い殻は絶対に捨てないことの心構えが大切だ。ハナの道を時間も気にせず歩くのも好きだ。いつかあのリンドバーグの墓へ立ち寄った時も不思議な風が通り過ぎたものだった。車から降り、森の中の道を、子供のころよく道草をしたように、当てもなく歩く。自分の目線が美しい物へと留まり、また次へと移り行く。太陽の光が創る、その時その時の瞬間が一日を演出してくれる。

セブンシークレットプール＝ハナの近くにある7つの滝と池がある場所

96

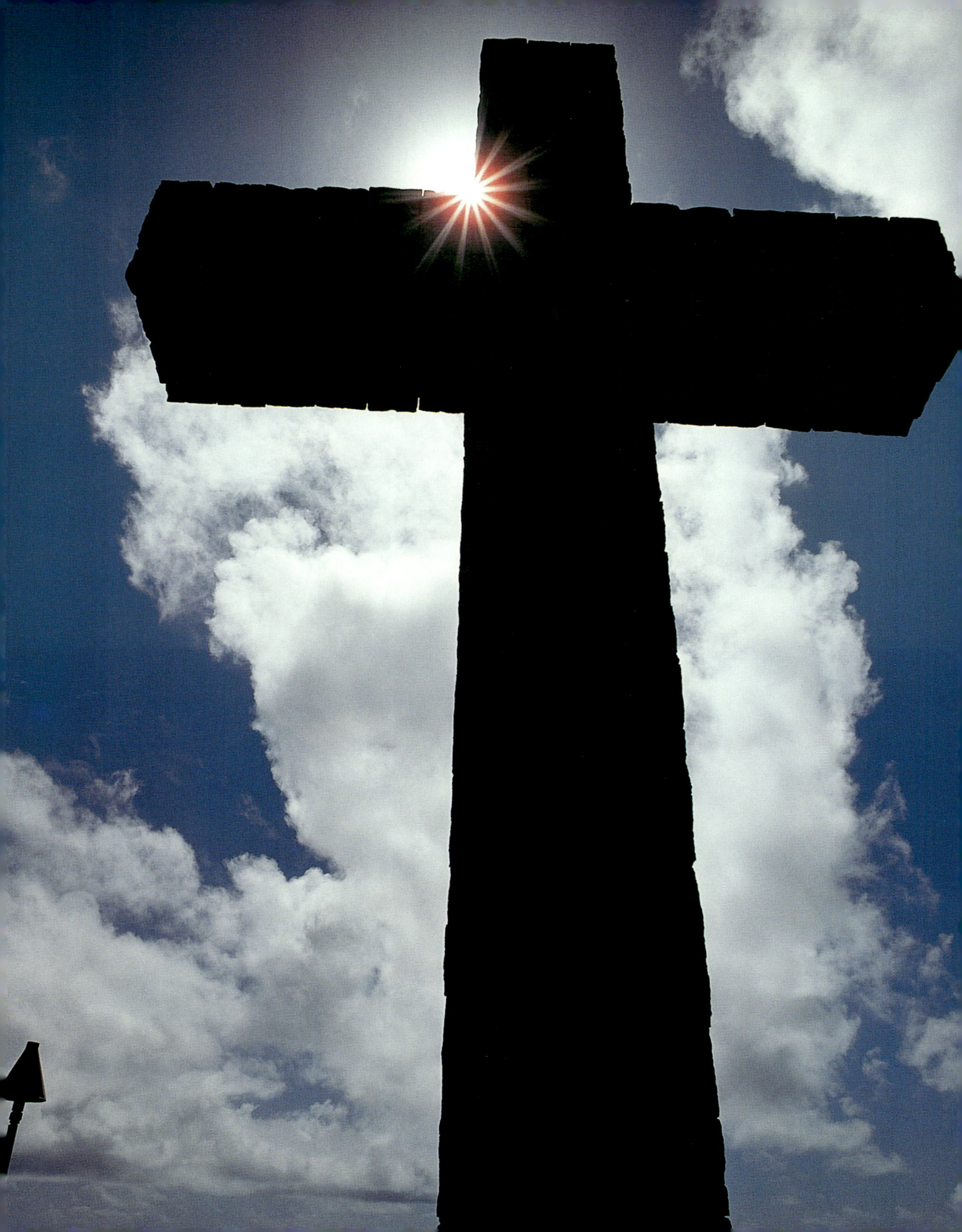

Pascaline Windsurfer's Place

125 Peahi Rd., Haiku, Maui, HI 96708
Phone: (808)575-2548　Fax: (808)575-2547

料金：1室（2名まで）＄100〜　最低宿泊数：5泊から

ここからホオキパまで5分

楽しいインテリア　　　　　　　　　　オーナーのオリジナルアート

1ヶ月居てもいいかな　　　　　　　　シャワールーム

ウインドサーファーの天国がここにある

MAUI

ホオキパビーチから車で5分、ウインドサーファーにとってはもう最高のロケーション、そして宿泊代も安い。オシャレなフランス人夫婦のオーナーは、ボクの昔からの友人だ。そしてこの夫婦、ウインドサーファーでもあり、マウイの風には絶対の情報を持っている。夫人のパスカリーンは元プロウインドサーファーであり、アーティストでもある。彼女の描いた絵はマウイのあちこちでTシャツやオリジナルプリントで見かけられる。独特のユニークな色使いとデザインは、ボクも大好きで、10年ほど前、一緒にTシャツビジネスをやったほどだ。

大きな犬が3匹、広い庭で遊んでいる。1匹がいつもオレンジをボール代わりに口に加えてボクの所に持って来る。ぐちゃぐちゃになったオレンジを投げると、喜んで走り出して口にくわえてまた戻ってくる。

ホオキパビーチは一日中海を見ていても飽きない。強風の日はウインドサーファー、ゆるやかな風の日はサーファーがいつも波乗りしている。冬には沖にクジラが泳ぎ、夢のようなシーンが広がる。

このホオキパビーチのパイアよりに、ママズ・フィッシュハウスというレス

パワフルなホオキパの海はウィンドサーファーの天国

パスカリーン

遊びが大好きなワンちゃん

トランが昔からあるのだが、ここのアヒ・サンドイッチは天下絶品。真っ青な海を見ながらのランチは最高で、マウイに来ると必ず寄りたくなる場所のひとつだ。
そしてパイアの町は、昔のあの渋いプランテーションタウンの面影はもう残っていないが、ブティックなどのショップが立ち並び、独特のサーファータウンになっている。トロピカルなライフスタイルを望むヨーロッパ系の人も多く、レストランもなかなかおしゃれなところがあるので、ディナーの心配は全然しなくても平気だ。

ママズフィッシュハウス／バンブーは南の島にも合うのです

ヒッピーキッズ

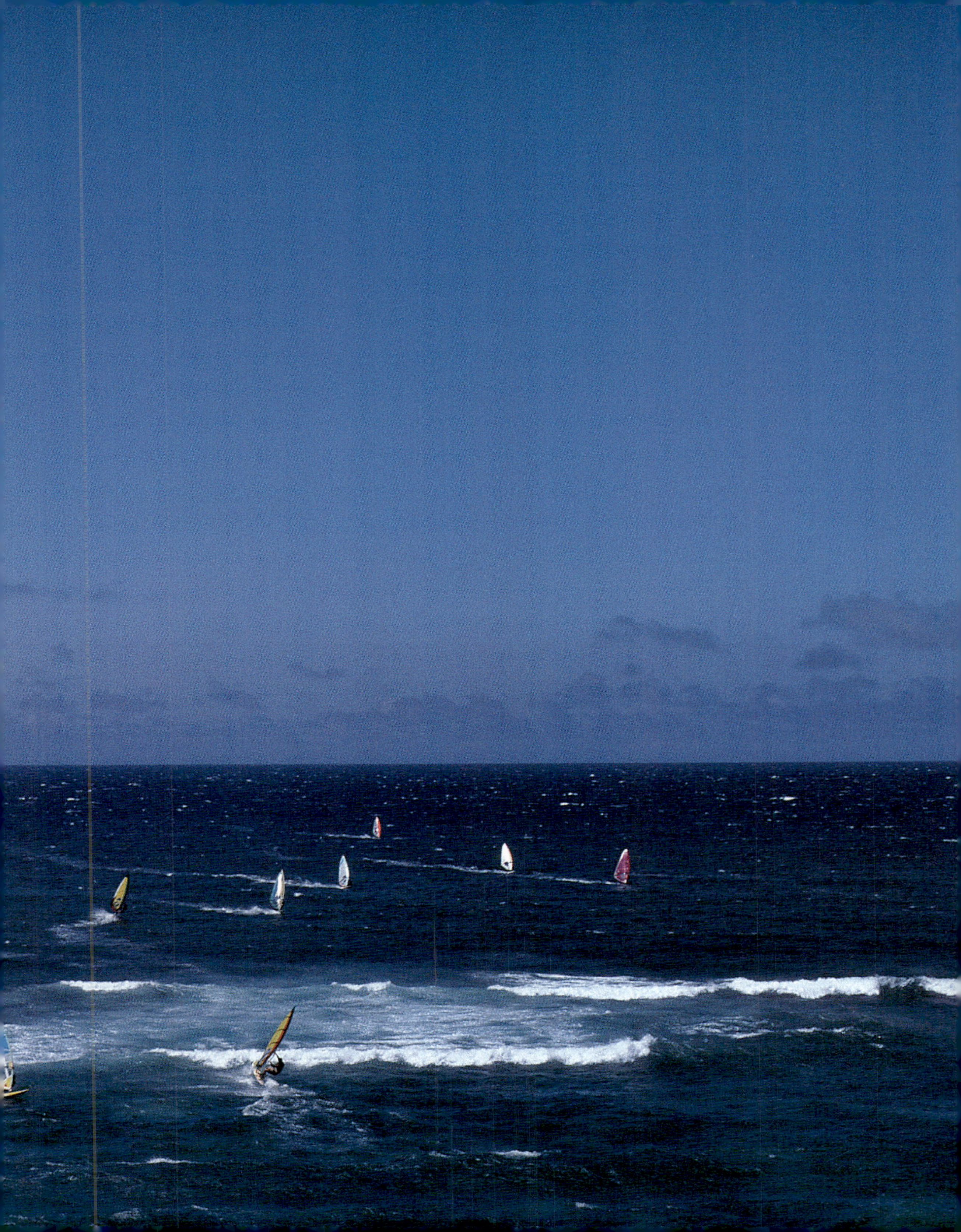

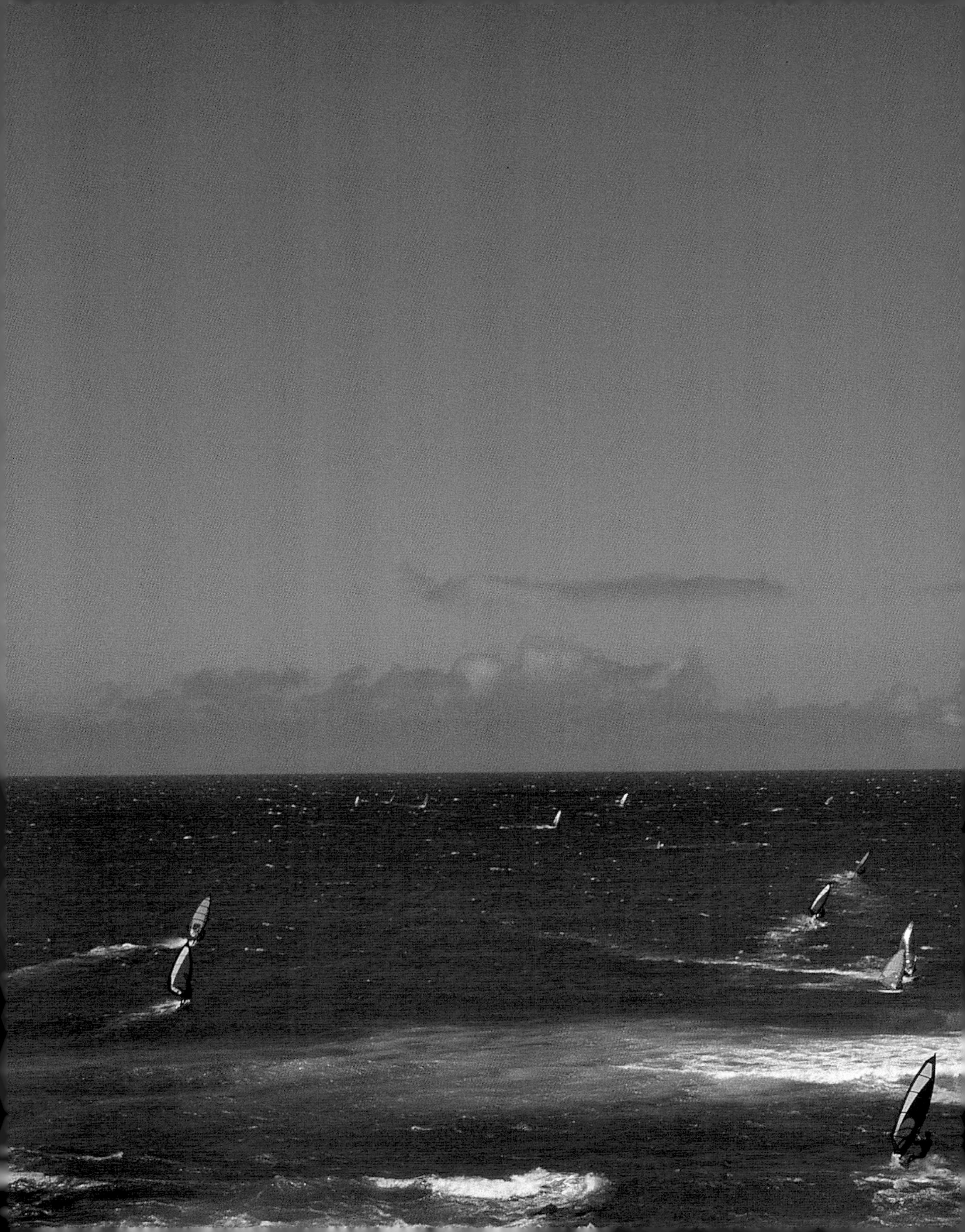

Mahina Kai Bed & Breakfast
Beach Villa & Retreat

P.O.Box 699, Anahola, Kauai, HI 96703
Phone: (808)822-9451 Fax: (808)822-9614 www.mahinakai.com

料金：1室（2名まで）＄125〜（朝食つき）最低宿泊数：1泊から 10歳以下の子供の宿泊不可

マクドナルドはノーサンキュー

大人のムードをこわさずに

不思議なプール

コージーコーナー

誰にも知られないハイダウェイ

KAUA'I

カパアの町を通り過ぎてすぐに、アナホラという小さなオーシャン・コミュニティーがある。このマヒナ・カイは落ち着いたアダルトムードの演出がなされ、白人のオーナーの手によってオリエンタルなコンセプトにまとめられた宿だ。

家はフランク・ロイド*の生徒がデザインしたものだという。タイやバリあたりの物が飾られ、壁にはオリジナルの絵がかかり、縦横のラインは黒と緑、木の自然の色が計算されたように、実にうまくマッチしている。プールは日本庭園からのアイデアで、小さな滝や橋を作り、岩をうまく使い、モダンな和風に仕上がっている。

そしてここは海の近くでありながら鳥がとても多く、朝一のニワトリの鳴き声から始まって、いろんな種類の鳥たちの鳴き声で目覚め、爽やかな朝を迎えることが出来る。

スクリーンをうまく使い、風を室内に入れている。それでいて蚊や他の虫の侵入をストップさせているから安心。室内にいても風を感じるところが嬉しい。

ここまで来ればすぐそこがアナホラビーチ、誰もいない自分だけのハワイを味わいながら、ただただひとり、時を過ごす。または気の会うふたりと島

バードアイでの島めぐり

ジャングルと川はつきもの

の自然に身を任せる。そう、やはりここのB&Bは恋人同士でのステイの方がお勧めだ。エスニック風なインテリアのこのハウスに寝泊まりする内になんとも心地よいトロピカルアイランドスタイルの真意を考えたりする。
そういえば、すぐ近くのローカルショップ、オノ・チャーのブロイルス・バーガーがこの世の物とは思えないまさだと評判になっているけど、ボクは肉を食べないので判らない。車で5分も走ればカパアの町があり、日本食レストランもあり、ショップも色々あるのでこの町をぶらつくのも楽しい。

フランク・ロイド=今はなきアメリカの有名建築設計士

人をよせつけないナパリコーストのクリフト

カウアイ サンセット

Gloria's Spouting Horn Bed & Breakfast

4464 Lawai Beach Road, Koloa, Kauai, HI 96756
Phone & Fax: (808)742-6995 www.best.com/~travel/gloria

料金:1室(2名まで) $250(朝食つき) 最低宿泊数:3泊から

バンブーのベッドフレームがトロピカル

光はヤシの葉をぬって

滝はいつでもスピリチュアル

サンシャインスポット イン カウアイ

KAUA'I

ハワイに住む人たちには大きく分けて2種類あると思う。太陽がギンギラに一日中輝くドライなサウス・ウエストショアを好む者、そして雨が多く大自然のジャングルが広がるウエットなノース・イーストショアを好む者。あなたはいったいどちらだろう？時間が許すのであれば、両方のサイドに泊まりわけてみるのもいい。

ハナレイやプリンスヴィルの町があるウエットなところと違い、ここカウアイ島サウスのポイプはサンシャイン・スポット。そしてグロリアス・スポーティングホーンは、いろいろなビーチ遊びに人気のエリアで、オーシャンフロントにあるゆったりとしたB&Bだ。

全ての部屋にはバスタブつきのバスルーム、小さなキッチンがついていて、とても便利。近くを歩けばシュノーケリングに最高なスポットがたくさんあって、シータートルが沢山見られる。しかしシータートルに触れたり追いかけたりすることは絶対ダメ（法で罰せられますよ）。

ちょっと足を伸ばしてハワイの伝説の小人メネフネが作ったといわれるメネフネ石垣文化のナゾに迫ってもいい。

ラナイから見るサンセット、ビールにしようかワインにしようか

そしてここポイプには素晴らしいボタニカルガーデンがある。ナショナルトロピカル・ボタニック・ガーデンがそれで、実に心地よくデザインされた谷間には、数百の熱帯植物が植えられ、谷間自体がアートしている。ここに一日中いてもいい。ローカルの学校の体験学習にもこの場所は使われ、ジュラシックパークのシーンにも使われたガーデンだ。

近くにオールド・コロアタウンがあり、一部が小さな観光タウンになっていて、レストラン、ショップが並んでいる。ここにはスーパーマーケットもあり、住人の気分になって何か買うのもいい。こうした小さなマーケットに行けば、本当のローカル達とのふれあいも出来、来年また来よう、そしてもう少し長く暮らしてみたいと思うようになるだろう。

ハワイを永遠の第二の故郷にしてもいいと思ったら、とてもいいと思う。

ティーリーブスはお守りの葉

バンブーとアンスリウムがマッチする

光のなす朝の演出

Hanalei Bed & Breakfast & Beach

5095 Pilikoa St., Hanalei, Kauai, HI 96714
Phone & Fax: (808)826-6111 www.bestofhawaii.com/hanalei

料金：1室（2名まで）＄75〜（朝食つき）最低宿泊数：2泊から　3歳以下の子供の宿泊不可

スペーシーな白いB&B

ナパリコースト

ロイヤル ポインシアナ

ハナレイ サーフ

ハナレイの永遠の美しさの中で暮らす幸せ

KAUA'I

カウアイ島で最も好きなエリアがここのハナレイだ。雨が多いが、緑が美しく、タヒチを思わせるシャープな、とんがったピークのバリハイの山、ピンク色に染まるハナレイの夕焼けが美しい。

こんなカウアイ島をエンジョイするのに最高なスポットがここハナレイB&B&Beach。大きな家が並ぶこの地域は静かで安全で、ハナレイビーチのピアまで歩いて5分とかからない。ここには毎日フィッシングに来ている人やカヌーで沖に出ていく人がいる。サーフィンを見ながら一日中平和なハナレイベイで過ごす。歩いてハナレイの町に出てみた。昔と違って人が多くなったけど、メインランドからやって来た観光客をローカルになった気分で鑑賞するのも楽しい。ちょっとしたグローサリーショッピングをしてB&Bへ戻った。友人が同じオペレーションでやっているハナレイプランテーションゲストハウスに泊まっているので、顔を出した。目の前がビーチになっているエコノミーのレンタルユニットで、朝食がとても美味しいということだ。この近くはナイスロケーションが沢山あり、興味深くゆっくり見て歩くとな

ハエナビーチをひとりで歩くと何かが起こる

んだかハワイのスペシャリストになったような気がしてくる。
マニニホロのドライケーブの伝説*、そこにあるハエナビーチパークを通りすぎてさらに進むと、道は行き止まりになるが、この先はロヒアウ・ヘイアウがあり、ナパリ・コースト・トレイルの入り口が始まる。このトレイルは時間をかけてじっくりとトレッキングしがいがある。ハナレイ・バレーにはタロ芋の水田が広がり、ハイウェイから見下ろすそのシーンはどこか日本の田舎の風景に似たものがある。明日はハナレイ・リバーをカヌーであがって行こうと思う。ボクの知人の日本のミュージシャンは、このハナレイに見事にはまり、毎年この地を冬の陣として活動している。もうずっと前からのホテル脱出組なのだ。

(六) マニニホロのドライケーブの伝説＝ペレの火の女神がここに入り込んだといわれる伝説のケーブ

ハナレイベイにセットが入って来る

人の手がついていないヤシの木は気持ちいい

Aloha Country Vacation Rental

505 Kamalu Road, Kapaa, Kauai, HI 96746
Phone: (808)947-6019 Fax: (808)946-6168 www.aloha.net/~wery/brochure.htm

料金：1室（2名まで）＄65〜　最低宿泊数：1泊から

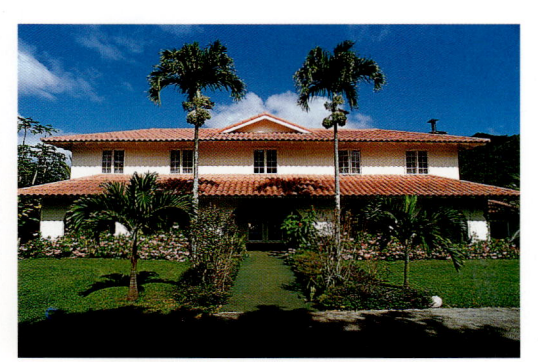

赤い屋根がブルースカイにマッチして

立派なリビングルーム

あの人に手紙でも書こうか

ナイス ステア ウェイ

カパアのハイダウェイで静かに時を過ごす

KAUA'I

　カパアの町からマウカ（山の方）へ向けてしばらく走るとスリーピングジャイアントの丘の裏側に出て来る。アロハカントリーB&Bからはこの丘を一望出来る。周りは牧草地で川が流れ、のどかな牧場風景だ。アンティークなインテリアでまとめられた室内は、オーナーの趣味と心意気が感じられて嬉しい。バードウォッチングが好きというオーナーのウエリーは、まるで子供のように目を輝かせてゲストとのおしゃべりに興じる。ホスピタリティ溢れた人だ。

　すぐ近くの公園をぶらついて、サッカーやベースボールをぼんやりと見ていたら、バスケットボールのゲームで一人メンバーが足りないのでプレイしないかと誘われた。ひさしぶりのボールゲーム、こんなことが出来るのも楽しいな…。

　明日の朝一番で、ボクはヘリコプターの予約をした。今日の午後、山あいは雨が降ったようなので、ウォーターフォールズを見に行くのだ。このヘリコプターツアーは、カウアイ島全体の地形が空から良く判り、いつ飛んでも飽きない。ボクはいつもパイロットの

もう1ヶ月もすればこのマンゴーも食べ頃

コンクリートの壁は見たくない

横の座席をリクエストする。シーティング次第でこの小宇宙遊行にかなりの差がでる。ワイルクリバーでカヤックやウェイブ・ボードで遊ぶのもいいし、ワイルアビーチも近場のビーチとして十分楽しめる。このビーチの山側に、あのブルーハワイの映画のウェディングシーンに使われたココパームスが、今もなおハリケーン・イニキにダメージを受けたまま、閉鎖された状態で残っている。

ホテルに泊まらないと一日が長く感じられていろいろなことが身近に出来る。いろいろな島のいろいろなB&Bに泊まり、いろいろな暮らし方を味わってみるのも今後のハワイステイのいい課題だと思う。

118

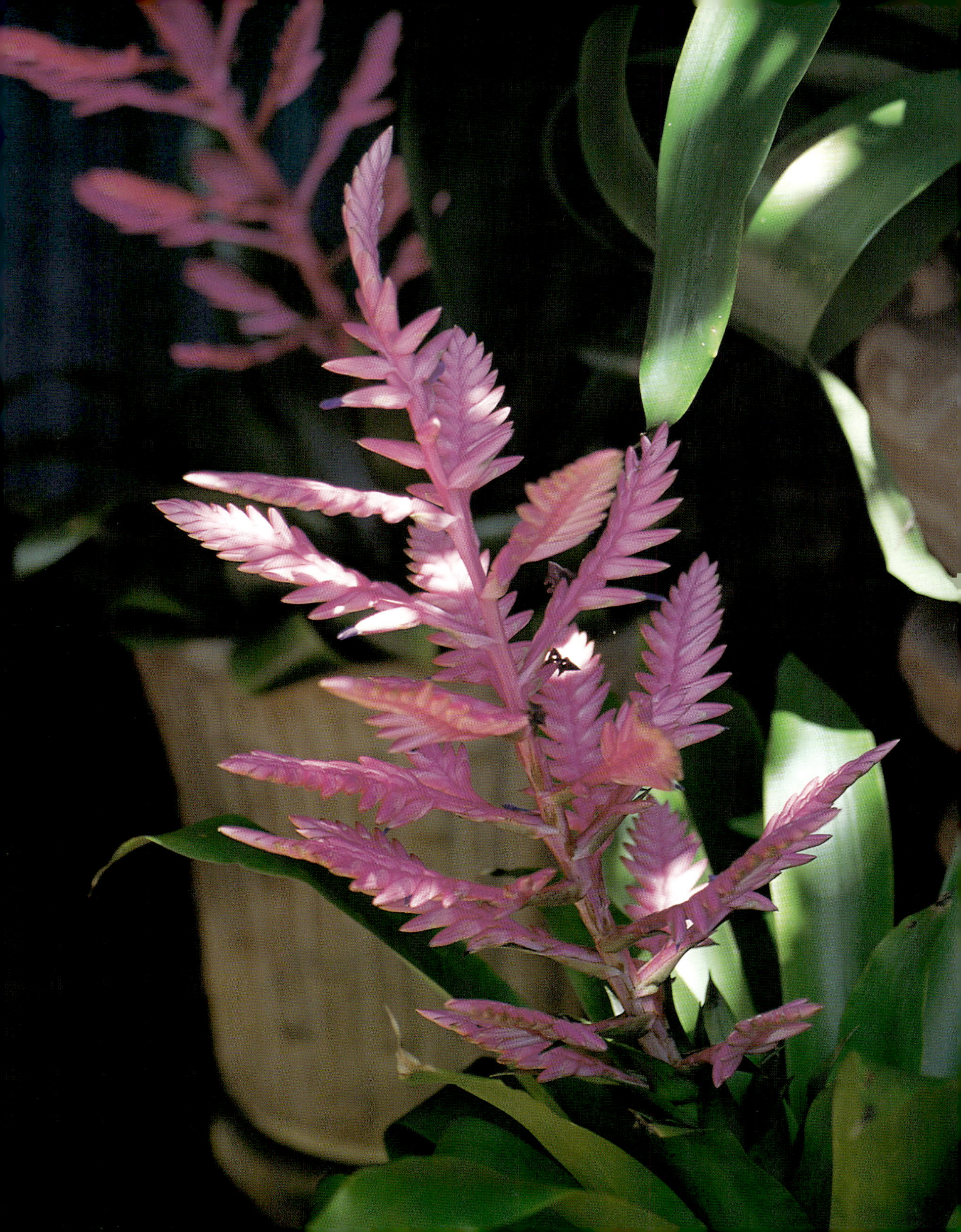

Waonahele at Kupono Farms

7084 Kahuna Rd., Kapaa, Kauai, HI 96746
Phone: (808)822-1515 Fax: (808)821-0999 www: hoohana.aloha.net/kupono

料金：1室（2名まで）$120〜（朝食つき）最低宿泊数：2泊から

とてもとても美しいところ

オリエンタル ムード

ユニークなウォール

スパイダーリリーの思い出

幸せなフラワーファームでの生活

KAUA'I

いつもよく一緒に仕事をするモデルのデイビッドのファミリーがオペレーションしているフラワーファームB&B。ここワオナヘレ・アット・クポノ・ファームスでは、本当のハワイアンホスピタリティーを受け幸せな気持ちになる。

デビッドのママ、ノリーンはハワイアンプラントのことなら何でも知っている。植物の好きな人はここに泊まることでもっとハワイアンプラントの知識が増えるし、一緒に庭仕事を手伝うのもまた楽しい。

家の中には常に庭で取れた花が置かれ、窓からは裏の山々がとても美しい。雨の日にはウォーターフォールもいくつか見える。大人のムードの静かなB&Bだ。

アクティブなデビッドのことだから、家には何でもレンタルが揃っている。バックパック、テントをはじめビーチギアもあるので、これを持って好きなビーチへ行くのもいい。近くにはワイルアリバー・ステート・パークがあり、その上流には有名なシダの洞窟がある。オペアカ・フォールズやワイルア・フォールズも近くにあるので、滝見物にはベストロケーションだと思う。

夜には満天の星を見上げ、遠く南

何百年と生きぬいてきた木を人間はどうして瞬時に切ってしまうのだろう

大平洋を航海したポリネシアン古代双胴船を復元したホクレア号のことに思いを馳せる―。昔の人々はいかに自然を尊び、自然からの力を得てバランス良く暮らしていたか…。それが近代に入り文明の発達によって、人々は科学的なものに頼り、本来人間が自然から授かった動物的本能のようなものをすっかり無くしてしまっている。

ハワイで暮らすことは――それが数日間でも良いと思う――きっと少しだけでも人間らしさが戻り、忘れかけていたいろいろな物事について考えを新たにする良いきっかけになるはずだ。流れ星が東の空を大きく横切って消えていった。

パワフルなウォーターフォールズ

ミステリアスなリリコイの花

初めて見る花がまだまだある楽しさ

まるでアロハシャツのプリントのよう

Manoa Valley Inn

2001 Vancouver Drive, Honolulu, Oahu, HI 96822
Phone: (808)947-6019 Fax: (808)946-6168 www.aloha.net/~wery/mvbroch.htm
料金：1室（2名まで）＄99〜（朝食つき）最低宿泊数：1泊から　10歳以下の子供の宿泊不可

レイニーマノア

モーニングコーヒータイム

ゆっくりと過ごそう

あの虹のマノアバレーでの暮らし

O'AHU

ワイキキからわずか10分の山側のマノア・バレーの入り口にハワイ大学がある。緑に囲まれたキャンパスは美しく、学生達も明るく、ファッションもそれぞれ個性があって見ていて飽きない。バス停に並ぶ学生達の横をぬけて、久しぶりにキャンパスを歩いてみた…。

マノアバレー・インはこのキャンパスから5分の所にあり、1919年に建てられたハワイアンビクトリア調の家で、昔のハワイを感じながら暮らせ、なおかつ便利なロケーションであるのが嬉しい。バスでどこでも行けるし、マノア・マーケットプレースまでちょっとした散歩がてらの買い物も出来るし、手紙も出せる。前もって予約を入れれば、歩いて5分のピータームーンの自宅のラナイで、ピーターからのウクレレ・レッスンを受けることもできる。これもマノアならではの、夢のような朝のひとときだ。

雨のバレーの散歩もいい。夏にはマノア・フォールズへも足を伸ばせるし、マノア・バレー・シアターでちょっとドレスアップして芝居を鑑賞するのもローカルでいい体験だ。インのある一帯は古い邸宅が残っていて、こうした道を散策するのもまた楽しい。またテ

ピーター・ムーンは、生粋のマノアボーイ

ラスからの眺めが最高で、朝昼晩と表情をかえ楽しませてくれる。
時折訪れるリクウィッドサンシャインと呼ばれるにわか雨に太陽の光が当たり、レインボーが生れる。マノア・バレーはレインボーバレーと呼ばれるだけあって、沢山虹が見られる。

午後の日ざしが入るようになったら、バスタブにホットウォーターをなみなみ入れて、窓から見えるパームツリーが風に揺られているのを眺め、ディナーのチョイスでも考えながら夕暮れを味わうのもいいだろう。ひとりを楽しむか、ふたりで来ようか…

レインボーフェンス

レインボー ガレージ

レインボー グレーブヤード

レインボー ドライブ

Adam & Eve Bed & Breakfast
~Eden's Rainbow Estate~

3939 Old Pali Rd., Honolulu, Oahu, HI 96817
Phone: (808)595-7056 Fax: (808)394-2158 homepages.go.com/~jubaljones/index1.html

料金：1室（2名まで）＄80～（朝食つき）最低宿泊数：

早起きしてダウンタウン散策へ

ロイヤルハワイアンでマイタイを飲んで

シャンデリアよりも貝のランプがトロピカル

ダウンタウンをぶらついて

O'AHU

オールドパリロードの森の中にあるこの邸宅のB&Bは、パリハイウェイから少し奥へ入ったところ。静かでタイ風のインテリアが周りのトロピカルなムードに合っている。庭には小川が流れ、ジンジャー、ナイトブルーミング・ジャスミン、バナナ、プルメリアとたくさんの植物が生い茂っている。リビングルームは外のテラスに続いていて、ヌウアヌの谷間の風が自由に出入りする。いかにもアイランドスタイルだ。

だが車で5分ほど行くと、もうホノルルのダウンタウンがある。チャイナタウンなどで、ちょっとした異国ムードを味わう。マウナケア・マーケットでの朝の買い物を終えて、チャイニーズレストランでランチを食べる。午後はクイーンエマ・サマーパレスへでも行き、王族気分を味わうのもいい。奥のヌウアヌ・バレーパークの大きな木の下で、おいしい空気を沢山吸えば、また明日への元気が出てくる。

このクイーンエマ・サマーパレスはハワイ王朝時代、クイーンエマが夏の暑さを避けるため、ここヌウアヌ・バレーの涼しい風が通るロケーションに

サンキュー サンキュー フォー ワンダフルタイム

建てたもので、今も当時の面影が残っていて、ちょっとした王朝気分が味わえる。夜は静かなヌウアヌの夜を楽しむのも良いが、ちょっとドレスアップしてローカルになった気分でワイキキに出かける。映画でも見て、食事をして、ちょっとカラカウア通りを散歩してホテル滞在組の観光客をしり目にヌウアヌの家に戻ると、ワイキキがいかに人が多く、騒がしいところであるかということがよく判る。次の日はちょっと早起きして近くのリリハ・ベーカリーで、ブレックファストを食べる。そしてノースショアの方へでも足を伸ばせば、気分はもうすっかりローカルだ。

ダウンタウン アンティークショップめぐり

ブラック アンド ブルー

太陽のような花

オリエンタル アンティーク ムード

Schrader's Windward Marine Resort

47-039 Lihikai Drive, Kaneohe, Oahu, HI 96744
Phone: (808)239-5711 Fax: (808)239-6658 www.bbonline.com/hi/windward/
料金：1室（2名まで）＄50〜（朝食つき）最低宿泊数：1泊から

いらっしゃいませ

Pillows in Paradise

336 Awakea Road, Kailua, Oahu, HI 96734
Phone & Fax: (808)262-8540　www.isstb.com/pillows

料金：1室（2名まで）　＄80〜（朝食つき）　最低宿泊数：3泊から

明るいリビングルーム

Nalo Winds Bed & Breakfast

41-037B Hihimanu St., Waimanalo, Oahu, Hi 96795
Phone: (808)259-7792 Fax: (808)524-0999 www.nalowinds.com/

料金：1室（2名まで）＄85〜　最低宿泊数：4泊から

シンプルハウス

ワーゲンはハワイそのもの

カヤッカー パラダイス

カネオヘ ベイ ブルー

カイルア ネーバー

ウインドワード・オアフでのオーシャンライフ

O'AHU

ホノルルという都会からパリトンネルをぬけてわずか30分のところに、ウインドワード・サイドをエンジョイできる最高のロケーションがある。ワイマナロやカイルア、ラニカイ、カネオヘとこの地域はホワイトサンドビーチで海の色もターコイズブルー。優しいブルーの海を目の前に、ブギーボードフィッシング、スイミングとオーシャンライフを楽しむには絶好のロケーションだ。

シュランダーウインドワードマリンリゾートのオープンエアーのラナイから目の前に広がるカネオヘベイの絶景は一日中眺めていても飽きない。そして後ろの壁を切り刻んだように、存在感のあるコオラウ山脈の朝夕に射す太陽の光が好きだ。

このショアラインを北へもっと行けば、ノースまで40〜50分で行ける、その道のりがジョイフルだ。ウインドサーフィンを毎日したい人などには、カイルアのピローズインパラダイスがベストロケーション。庭は植物もよく手入れされていてジャングルムードで、も車で5分のところがカイルアビーチだ。ゆっくり歩いての朝の散歩などは、愛犬がいればもっと充実するのにと思

ノースショア ドリーミング

ウインドサーフギアのレンタルはこのビーチにあるアクティビティセンターで出来る。ここから車でもう5分もいけばラニカイビーチに続く住宅エリアなのでパーキングは大変だが、このビーチの静けさと波の美しい音を聞いて、リゾート地では味わえない静かな時を過ごすのは最高の気分だ。

少しサンディービーチ側に戻ったところがワイマナロビーチ。このビーチではちょっと気をつけて遊びたい。風によってはクラゲが多く出るところなのだ。でもここのビーチの砂を素足で踏み締める心地よさは捨て難い。そしてナロウインドB&Bは一日中素足でいられ、歩いてビーチへ行けるロケーション。ハワイアンスタイルの家は、まるで自分のビーチハウスのように感じさせてくれ、毎年ここへ戻って来たいと思う。

ったりもする。

IT'S SoOO HOT!!

ラビット アイランド

パイプライン

4. markbar@aloha.net
5. 3
6. $175

Seaview Suite Bed & Breakfast
1. (808) 332-9744
2. 3913 Ulu Alii St, Kalaheo HI 96741
3. /
4. /
5. 2
6. $60-$70

Strawberry Guava B & B
1. Phone & Fax (808) 332-7790
2. ＊Lawai HI 96765
3. http://www.hawaiian.net/~lauria/
4. lauria@hawaiian.net
5. 3
6. $65-$75

Victoria Place Bed & Breakfast
1. (808) 332-9300 (808) 332-9465
2. Po Box 930, Lawai HI 96765
3. http://www.hshawaii.com/kvp/victoria/index.html
4. edeev@aloha.net
5. 4
6. $60-$100

Winters Mac Nut Farm & Inn
1. (808) 822-3470 (808) 822-2155
2. 6470 Makana Rd, Kapaa, Kauai HI 96746
3. http://www.aloha.net/~winters/winters1/
4. winters@aloha.net
5. 4
6. $80

O'AHU — B&B of Oahu

Akamai Bed & Breakfast
1. Phone & Fax (808) 261-2227
2. 172 Kuumele Pl, Kailua HI 96734
3. http://planet-hawaii.com/akamaibnb/
4. akamai@aloha.net
5. 2
6. $75

Alli Bed & Breakfast
1. (808) 262-9545 (808) 262-6932
2. 237 Awakea Rd, Kailua HI 96734
3. http://www.kaysvacation.com/
4. brenda@lava.net
5. 13
6. $45-$210

Andrea's Vacation Rental
1. (808) 262-0839 (808) 263-3198
2. 123 Kaimi St # A, Kailua HI 96734
3. http://www.aloha.net/~borgioli/
4. borgioli@aloha.net
5. 1
6. $65

B & B Pillows In Paradise
1. Phone & Fax (808) 262-8540
2. 336 Awakea Rd, Kailua HI 96734
3. http://www.isstb.com/pillows
4. kailua@wwdb.org
5. 3
6. $75

Fairway View Bed & Breakfast
1. (808) 263-6439 (808) 263-6439
2. ＊Kailua HI 96734
3. /
4. fairway515@aol.net
5. 2
6. $55-$65

Kailua Kottages
1. Phone & Fax (808) 262-1163
2. 362 Kailua Rd, Kailua HI 96734
3. /
4. /
5. 1
6. $75

Manoa Valley Inn
1. (808) 947-6019 (808) 946-6168
2. 2001 Vancouver Dr, Honolulu HI 96822
3. /
4. /
5. 8
6. $99-$190

Manu Mele Bed & Breakfast
1. Phone & Fax (808) 262-0016
2. 153 Kailuana Pl, Kailua HI 96734
3. http://www.pixi.com/~manumele/
4. manumele@pixi.com
5. 3
6. $70-$80

Melewei Hale Bed & Breakfast
1. (808) 689-8484 (808) 689-8980
2. 91-554 Aekai Pl, Ewa Beach HI 96706
3. /
4. /
5. 4
6. $55

Mountain House
1. (808) 262-8133 (808) 262-5030
2. 571 Pauku St, Kailua HI 96734
3. /
4. /
5. 2
6. $150

Pacific Islands Reservations
1. (808) 262-8133
2. 571 Pauku St, Kailua HI 96734
3. http://www.oahu-hawaii-vacation.com/
4. /
5. /
6. $125

Papaya Paradise Bed & Breakfast
1. (808) 261-0316 (808) 261-0316
2. 395 Auwinala Rd, Kailua HI 96734
3. http://www.bnbweb.com/papaya.html
4. kailua@compuserve.com
5. 2
6. $89-$100(三泊)

Paradise Palms Bed & Breakfast
1. (808) 254-4234 (808) 254-4971
2. 804 Mokapu Rd, Kailua HI 96734
3. http://www.pixi.com/ParadisePalms/
4. ppbb@pixi.com
5. 2
6. $65-$70

Sharon's Serenity
1. (808) 262-5621
2. 127 Kakahiaka St, Kailua HI 96734
3. http://www.sharonsserenity.com/
4. sprice@aloha.net
5. 2
6. $65-$90

Sheffield House B & B
1. Phone & Fax (808) 262-0721
2. ＊Kailua HI 96734
3. /
4. /
5. 2
6. $65-$95

3. http://www.bestofhawaii.com/hanalei/index.html
4. hanaleibay@aol.com
5. 4
6. $70-$125

Classic Vacation Cottages
1. (808) 332-9201   (808) 332-7645
2. Po Box 901, Kalaheo, Kauai HI 96741
3. http://www.hawaiian.net/~clascot/
4. clascot@hawaiian.net
5. 4
6. $45-$85

Coastline Cottages
1. (808) 742-9688   (808) 742-7620
2. Po Box 1214, Koloa HI 96756
3. http://www.coastlinecottages.com/
4. ids@aloha.net
5. 4
6. $235-$775

Fran's Garden Island Gateway
1. (808) 822-7631   (808) 822-7631
2. 5319 Makaloa St, Kapa'a HI 96746-2145
3. ／
4. franaki@aloha.net
5. 3
6. $55-$89

Hale-Aha at Princeville
1. (808) 826-6733   (808) 826-9052
2. 3875 Kamehameha Dr, Princeville HI 96722
3. http://www.pixi.com/~kauai/
4. Kauai@pixi.com
5. 1
6. $110-$270

Hale Ho'o Maha
1. (808) 828-1341   (808) 828-2046
2. Po Box 422, Kilauea HI 96754
3. http://www.aloha.net/~hoomaha/
4. hoomaha@aloha.net
5. 4
6. $55-$80

Hale Li'i Bed & Breakfast
1. (808) 828-1064
2. ＊Kilauea, Kauai HI 96754
3. http://www.aloha.net/~lynch/
4. lynch@aloha.net
5. ／
6. $75-$85

Hale Tutu (Grandma's House)
1. (808) 821-0697   (808) 822-9091
2. 7230 Aina Pono St, Kapa'a HI 96746-9339
3. http://www.haletutu.com/
4. tutu@heletutu.com
5. 3
6. $85-$105

Historic B & B
1. (808) 826-4622
2. 5-5067 Kuhio Hwy, Hanalei HI 96714
3. http://www.bubbaburger.com/bnb/for.html
4. ／
5. 3
6. $68-$85

Hotel Coral Reef
1. (808) 822-4481   (808) 822-7705
2. 4-1516 Kuhio Hwy, Kapaa HI 96746
3. http://www.hshawaii.com/vacplanner/kvp/coral/index.html
4. ／
5. 24
6. $59-$99

Island Home B & B
1. (808) 742-2839
2. 1707 Kelaukia St, Koloa HI 96756
3. http://www.islandhomebandb.com
4. info@islandhomebandb.com
5. 2
6. $80-$100

Kakalina's Bed & Breakfast
1. (808) 822-2328   (808) 823-6833
2. 6781 Kawaihau Rd, Kapaa HI 96746
3. http://www.kakalina.com/
4. info@kakalina.com
5. 5
6. $75-$150

Kauai Waterfall B & B
1. (808) 823-9533   (800) 996-9533
2. 5783 Haaheo St, Kapaa HI 96746
3. ／
4. ／
5. 3
6. $90-$100

Keapana Center Bed & Breakfast
1. (808) 822-7968   (808) 823-9013
2. 5620 Keapana Rd, Kapaa HI 96746
3. ／
4. ／
5. 5
6. $45-$75

K.K. Bed & Bath
1. (808) 822-7348
2. 4486 Kauwila St, Kapaa HI 96746-1617
3. http://www.aloha.net/~sugi/b&b.html
4. sugi@aloha.net
5. 1
6. $35-$60

Lampy's B & B
1. (808) 822-0478
2. 6078 Kolopua St, Kapaa HI 96746
3. ／
4. ／
5. 2
6. $50-$80

Lani Keha Bed & Breakfast & Vacation Rental
1. (808) 822-1605   (808) 822-2429
2. 848 Kamalu Rd, Kapaa HI 96746
3. http://www.lanikeha.com/
4. lanikeha@webtv.net
5. 3 （夏場は4部屋）
6. $55-$75

Marjorie's Kauai Inn
1. (808) 332-8838
2. Po Box 866, Lawai, Kauai HI 96765
3. http://www.planet-hawaii.com/marjorie/
4. ketcher@aloha.net
5. 3
6. $78-$88

Mohala Ke Ola
1. (808) 823-6398
2. 5663 Ohelo Rd # A, Kapaa HI 96746
3. http://www.waterfallbnb.com/
4. kauaibb@aloha.net
5. 4
6. $75-$105

North Country Farms
1. (808) 828-1513   (808) 828-0805
2. ＊Kilauea HI 96754
3. ／
4. ／
5. 1
6. $90

Poipu Plantation Resort B&B and Cotteges
1. (808) 742-6757   (808) 742-8681
2. 1792 Pe'e Rd, Koloa, Kauai HI 96756
3. http://www.poipubeach.com/
4. plantation@poipubeach.com
5. 12
6. $85-$160

River State Guest House
1. (808) 826-5118   (808) 826-4616
2. Po Box 169, Hanalei HI 96714
3. http://www.riverstate.com/

3. http://www.maui.net/~pounder/
4. pounder@maui.net
5. 2
6. $105-$110

Garden Gate Bed & Breakfast
1. (808) 661-8800   (808) 661-0209
2. 67 Kaniau Rd, Lahaina HI 96761
3. http://gardengatebb.com/
4. jaime@gardengatebb.com
5. 4
6. $69-$100

Guest House
1. (808) 661-8085   (808) 661-1896
2. 1620 Ainakea Rd, Lahaina HI 96761
3. http://www.mauiguesthouse.com/
4. relax@mauiguesthouse.com
5. 4
6. $95-$115

Hale Ho'okipa Inn Bed & Breakfast
1. (808) 572-6698   (808) 573-2580
2. 32 Pakani Pl, Makawao HI 96768
3. http://www.maui.net/~mauibnb/
4. mauibnb@maui.net
5. 5
6. $75-$145

Hamoa Bay Bungalow
1. (808) 248-7884
2. Po Box 773, Hana HI 96713
3. http://www.hamoabay.com/
4. hamoabay@maui.net
5. 2
6. $175-$300

Hana Hale Malamalama Resort
1. (808) 248-7718   (808) 248-7429
2. Po.Box 374, Hana HI 96713
3. http://www.hanahale.com/
4. hanahale@maui.net
5. 6
6. $110-$195

House of Fountains
1. (808) 667-2121   (808) 667-2120
2. 1579 Lokia St, Lahaina HI 96761
3. http://www.alohahouse.com/
4. private@maui.net
5. 6
6. $95-$145

Kula Hula Inn Maui, Inc.
1. (808) 572-9351   (808) 572-1132
2. 112 Hoopalua Dr, Makawao HI96768
3. /
4. /
5. 4
6. $80-$130

Lahaina Inn
1. (808) 661-0577   (808) 667-9480
2. 127 Lahainaluna Rd, Lahaina Maui HI 96761
3. http://www.lahainainn.com/
4. inntown@lahainainn.com
5. 12
6. $99-$169

Maui Windsurfari
1. (808) 244-4667
2. 433 Nihoa St, Kahului HI 96732
3. /
4. /
5. 2
6. $50

Old Lahaina House
1. (808) 667-4663   (808) 667-5615
2. Po Box 10355, Lahaina HI 96761
3. http://www.oldlahaina.com/
4. olh@oldlahaina.com
5. 4
6. $69-$95

The Plantation Inn
1. (808) 667-9225   (808) 667-9293
2. 174 Lahainaluna Rd, Lahaina HI 96761
3. http://www.theplantationinn.com/
4. info@theplantationinn.com
5. 19
6. $135-$215

Sunnyside of Maui Bed & Breakfast
1. (808) 874-8687   (808) 875-1833
2. 2840 Umalu Pl, Kihei, HI 96753
3. http://www.maui.net/~sidemaui/
4. sunnysidemaui@maui.net
5. 2
6. $85-$125

Tea House Cottage
1. (808) 572-5610
2. Po Box 335, Haiku, Maui HI 96708
3. http://www.maui.net/~teahouse/
4. teahouse@maui.net
5. 2
6. $105

KAUA'I B&B of Kauai

Aleva House
1. (808) 822-4606
2. 5509 Kuamoo Rd, Kapaa HI 96746
3. /
4. /
5. 3
6. $55

Aloha Breeze
1. (808) 332-9164
2. 4122 Koloa Rd, Koloa HI 96756
3. http://www.alohabreeze.com/
4. alohabreeze@alohabreeze.com
5. 3
6. $55-$95

Aloha Estates at Kalaheo Plantation
1. Phone & Fax (808) 332-7812
2. Po Box 872, Kalaheo HI 96741
3. http://www.kalaheo-plantation.com/
4. kalaheo1@gte.net
5. 6
6. $50

Aloha Kauai Bed & Breakfast
1. (808) 822-6966
2. 156 Lihau St, Kapaa, Kauai HI 96746
3. http://www.aloha.net/~alohabb/
4. alohabb@aloha.net
5. 4
6. $65-$90

Aloha Vacation Rentals
1. (808) 332-7080   (808) 742-7685
2. 5155 Kikala Rd, Kalaheo HI 96741
3. /
4. /
5. 3
6. $65

Alohilani Bed & Breakfast
1. (808) 823-0128   (808) 823-0128
2. 1470 Wanaao Rd, Kapaa HI 96746
3. /
4. /
5. 2
6. $75-109

Bed & Breakfast & Beach & Plantation
1. (808) 826-6111
2. Po Box 748, Hanalei HI 96714

3. http://www.hawaii-bnb.com/perlsh.html
4. pearlsh@aloha.net
5. 3
6. $40-$65

Pineapple Park Hotels
1. (808) 968-8170
2. Pineapple Park, Po Box 5844, Hilo HI 96760
3. http://www.pineapple-park.com
4. park@aloha.net
5. 8
6. $65-150

Puanani Bed & Breakfast
1. (808) 329-8644 (808) 329-5420
2. 74-4958 Kiwi St, Kailua Kona HI 96740
3. http://www.puananibandb.com
4. puanani@ihawaii.net
5. 3
6. $100-$135

The Rainbow Plantation B&B
1. (808) 323-2393 (808) 323-9445
2. Po Box 122, Captain Cook, HI 96704
3. http://wwte.com/hawaii/rainbow.htm
4. sunshine@aloha.net
5. 5
6. $75-$95

Rainforest Retreat
1. (808) 961-4410 (808) 966-6898
2. HCR 1 Box 5655, Keaau HI 96749
3. http://www.rainforestretreat.com/
4. retreat@bigisland.net
5. 5
6. $49-$95

Sud's acres
1. Phone & Fax (808) 776-1611
2. 43-1973 Paauilo Mauka, Paauilo HI 96776
3. ／
4. ／
5. 13
6. $55

Sunny Branch Acres B & B
1. Phone & Fax (808) 965-7516
2. 13-1139 Leilani Blvd, Pahoa HI 96778
3. ／
4. ／
5. 1
6. $65

Three Bear's Bed & Breakfast
1. (808) 325-7563
2. 72-1001 Puakaala Rd, Kailua Kona HI 96740
3. ／
4. three.bears@pobox.com
5. 2
6. $60-$70

Volcano Country Cottages
1. Phone & Fax (808) 967-7960
2. Po Box 545, Volcano HI 96785
3. http://www.alohaweb.com/VolcanoCottages/
4. places@aloha.net
5. 3
6. $85-$105

Volcano Inn
1. (800) 997-2292
2. Po Box 490 Volcano, HI 96785
3. http://www.volcanoinn.com/
4. volcano@volcanoinn.com
5. 9
6. $45-$195

Volcano Lava Lodge Accommodations
1. (808) 967-7591 (808) 985-7008
2. 19-3996 Kilauea Rd, Volcano HI 96785
3. http://www.hawaii-volcano.net/accommodations/index.htm
4. value@aloha.net
5. 6
6. $85-$125

Volcano Rainforest Retreat
1. (808) 985-8696 (800) 550-8696
2. Po Box 957, Volcano HI 96785
3. http://www.volcanoretreat.com/
4. volrain@bigisland.net
5. 3
6. $95-$155

Waipio Wayside Bed & Breakfast
1. Phone & Fax (808) 775-0275
2. Po Box 840, Honokaa HI 96727
3. ／
4. ／
5. 5
6. $95-$135

B&B of Maui

Affordable Accommodations Maui
1. (808) 879-7865
2. 2825 Kauhale St, Kihei HI 96753
3. http://www.affordablemaui.com
4. info@affordablemaui.com
5. 13
6. $40-$125

Aloha Lani Inn
1. (808) 661-8040 (808) 661-8045
2. 13 Kauaula Rd, Lahaina HI 96761
3. http://www.maui.net/~tony/
4. Melinda@maui.net
5. 2
6. $69

Aloha Pualani
1. (808) 874-9265 (808) 874-9127
2. 15 Wailana Pl, Kihei HI 96753
3. http://www.alohapualani.com/
4. pualani@mauigateway.com
5. 6
6. $100

Ann & Bob Babson's Bed & Breakfast & Sunset Cottage
1. (808) 874-1166 (808) 879-7906
2. 3371 Keha Dr, Kihei, Maui HI 96753-9345
3. http://www.mauibnb.com/
4. babson@mauibnb.com
5. 4
6. $85-$125

Anuhea Bed & Breakfast & Healing Retreat
1. (808) 874-1490 (808) 874-8587
2. 3164 Mapu Pl, Kihei, HI 96753
3. http://www.anuheamaui.com
4. anuhea@maui.net
5. 5
6. 冬季$75-$120 それ以外$68-$110

Blue Horizons
1. (808) 669-1965 (808) 665-1615
2. 3894 Mahinahina St, Lahaina HI 96761
3. http://www.bluehorizonsmaui.com/
4. chips@maui.net
5. 4
6. $79-$99

By The Sea Bed & Breakfast
1. (808) 879-2700 (808) 879-5540
2. 20 Wailana Place, Kihei HI 96753
3. http://www.bythesea.net/
4. bythesea@maui.net
5. 4
6. $95-$180

Eva Villa
1. Phone & Fax (800) 874-6407
2. Po Box 365, Kihei, Maui HI 96753-9315

4. dandiverdan@aol.com
5. 2
6. $85-$105

Hale Kai Bjornen - Bed & Breakfast
1. (808) 935-6330 (808) 935-8439
2. 111 Honolii Pali St, Hilo HI 96720
3. http://www.interpac.net/~halekai/
4. bjornen@interpac.net
5. 5
6. $90-$110

Hale Maluhia Country Inn (House of Peace)
1. (808) 329-1123 (808) 326-5487
2. 76-770 Hualalai Rd, Kailua Kona HI 96740
3. http://www.hawaii-bnb.com/halemal.html
4. hi-inns@aloha.net
5. 75
6. $90-$150

Hilo Seaside Retreat
1. Phone & Fax (808) 961-6178
2. Po Box 10960, Hilo HI 96721
3. http://www.hilo-inns.com/
4. info@hilo-inns.com
5. 1
6. $95

Horizon Guest House
1. (808) 328-2540 (808) 328-8707
2. Po Box 268, Honaunau HI 96726
3. http://www.horizonguesthouse.com/
4. contact@horizonguesthouse.com
5. 4
6. $175-$250

Ironwood House B & B
1. (808) 934-8855
2. ＊Hilo HI 96721
3. http://wte.com/hawaii/ironwood.htm
4. ironwd@aloha.net
5. 3
6. $55-$85

Kalani Garden Cottages
1. (808) 967-8642
2. Po Box 698, Volcano HI 96785
3. ／
4. Kalani@hialoha.net
5. 5
6. $90-$140

Kalopa Homestead Guest House
1. (808) 775-7167
2. Po Box 1614, Honokaa HI 96727
3. http://www.eco-hawaii-bnb.com/
4. epe@aloha.net
5. 1
6. $95-$165（六名まで）

Kamuela's Mauna Kea View
1. (808) 885-8425
2. Po Box 6375, Kamuela HI 96743
3. ／
4. ／
5. 2
6. $72-$85

Kia'i Kai Bed & Breakfast
1. Phone & Fax (808) 982-9256
2. 15-1825 Beach Rd, Keaau HI 96749
3. http://home1.gte.net/kiaikai
4. kiaikai@gte.net
5. 2
6. $85-$145

Lannan's Lihi Kai on Hilo Bay
1. (808) 935-7865
2. 30 Kahoa St, Hilo HI 96720-2206
3. ／
4. ／
5. 2
6. $55

Leilani Bed & Breakfast
1. Phone & Fax (808) 939-7452
2. Po Box 6037, Ocean View HI 96737
3. http://www.stayhawaii.com/leilani/leilani.html
4. leilanibb@juno.com
5. 4
6. $45-$50

Lion's Gate Bed & Breakfast
1. (800) 328-2335 (800) 955-2332
2. Po Box 761, Honaunau HI 96726
3. ／
4. ／
5. 3
6. $75-$95

Macadamia Meadows B & B
1. Phone & Fax (808) 929-8097
2. Po Box 756, Naalehu HI 96772
3. http://www.stayhawaii.com/macmed/macmed.html
4. kaleena@aloha.net
5. 5
6. $75-$120

Ma'uka Bed & Breakfast
1. (808) 775-9983
2. Po Box 767, Honokaa HI 96727
3. http://www.stayhawaii.com/mauka/mauka.html
4. maukabb@gte.net
5. 1
6. $60

Ma'ukele Lodge
1. (808) 985-7421 (808) 507-7421*51
2. Po Box 162, Volcano HI 96775
3. ／
4. ／
5. 3
6. $95

Maureen's Bed & Breakfast
1. (808) 935-9018 (808) 961-5596
2. 1896 Kalanianaole Ave, Hilo HI 96720
3. ／
4. ／
5. 8
6. $40-$65

Mountain Meadow Ranch Bed & Breakfast
1. Phone & Fax (808) 775-9376
2. 46-3895 Kapuna Rd, Honokaa HI 96727
3. http://www.bnbweb.com/mountain-meadow.html
4. wgeorge737@aol.com
5. 1
6. $80

My Island Bed & Breakfast
1. (808) 967-7216 (808) 967-7719
2. Po Box 100, Volcano Village HI 96785
3. http://www.hawaii-bnb.com/myisld.html
4. myisland@ihawaii.net
5. 10
6. $45-$120

Ole Kamaole's Beach House
1. (808) 337-9113
2. 8663 Kaumualii Hwy, Kekaha HI 96752
3. ／
4. ／
5. 8
6. $159-$225

Our Place Papaikou's B & B
1. (808) 964-5250
2. Po Box 469, Papaikou HI 96781
3. http://www.ourplacebandb.com/
4. rplace@aloha.net
5. 3
6. $50-$80

Pearl's Shell Bed & Breakfast
1. Phone & Fax (808) 965-7015
2. 13-3432 Kupono St, Pahoa HI 96778

The List of Other Information

B&B名称
1. 電話番号/FAX番号
2. 住所（連絡先）
3. URL
4. e-mail送付先
5. 部屋数
6. 料金

注：＊印がついているものは、住所の詳細が未確認となっています。
また、これらの情報は2000年5月現在のものです。

B&B of HAWAI'I (Big Island)

1st Class Bed & Breakfast Kona Hawaii
1. (888) 769-1110
2. 77-6504 Kilohana St, Kaliua Kona HI 96740
3. http://www.dolbandb.com
4. dolorsbb@kona.net
5. 2
6. $75-$235

Affordable Hawaii at Pomaika'i "Lucky" Farm & Bed & Breakfast
1. (808) 328-2112 (808) 328-2255
2. 83-5465 Mamalahoa Hwy, Captain Cook HI 96704
3. http://wte.com/hawaii/pomaikai.htm
4. nitabnb@kona.net
5. 5
6. $45-$65

A Hilo Oceanfront B & B
1. (808) 934-9004 (808) 934-7128
2. 1923 Kalanianaole St, Hilo HI 96720-4919
3. http://www.stayhawaii.com/hiloocean/hiloocean.html
4. oceanfrt@gte.net
5. 2
6. $105-$140

A Kiwi Gardens Bed & Breakfast
1. (808) 326-1559 (808) 329-6618
2. 74-4920 Kiwi St, Kailua Kona HI 96740
3. http://www.keycommunications.com/hawaii/
4. kiwi@ihawaii.net
5. 3
6. $65-$85

Aloha Paradise Bed & Breakfast
1. (808) 929-9690 (808) 929-9690
2. Po Box 673, Naalehu HI 96772
3. http://www.bigisland-inns.com
4. beckys@interpac.net
5. 3
6. $55-$65

Areca Palms Estate/Merryman's B & B
1. (808) 323-2276 (808) 323-3749
2. Po Box 489, Captain Cook HI 96704
3. http://www.konabedandbreakfast.com
4. Arecapalms@konabedandbreakfast.com
5. 4
6. $80-$125

Bed & Breakfast Mountain View
1. (808) 968-6868 (808) 968-7017
2. South Kulani Rd, Mountain View, Po Box 963, Kurtistown, HI 96760
3. http://www.bbmtview.com
4. info@bbmtview.com
5. 4
6. $55-$95

Belle Vue Cottage and Suites
1. Phone & Fax (808) 885-7732
2. Po Box 1295, Konokohau Rd 1351, Kamuela HI 96743
3. http://www.hawaii-bellevue.com
4. bellvue@aloha.net
5. 2
6. $85-$165

Bird of Paradise Bed & Breakfast
1. (808) 323-2433 (808) 323-2607
2. Po Box 2613 Kealakekua HI 96750
3. ／
4. ／
5. 3
6. $75-$90

Bougainvillea Bed & Breakfast
1. Phone & Fax (808) 929-7089
2. Po Box 6045, Ocean View, HI 96737
3. http://www.hi-inns.com/bouga/index.htm
4. peaceful@interpac.net
5. 4
6. $59-$65

Carson's Volcano Cottages
1. (808) 967-7683 (808) 967-8094
2. ＊Maunaloa Estates, Volcano, HI
3. http://www.carsonscottage.com/
4. carsons@aloha.net
5. 12
6. $105-$165

Cedar House Bed & Breakfast and Coffee Farm
1. Phone & Fax (808) 328-8829
2. Po Box 823, Captain Cook HI 96704
3. http://www.cedarhouse-hawaii.com
4. cedrhse@aloha.net
5. 4
6. $65-$90

The Country Goose
1. (808) 967-7759 (808) 985-8673
2. Po Box 597, Volcano HI 96785
3. http://www.hawaii-bnb.com/congses.html
4. cgoose@interpac.net
5. 2
6. $75

Da Third House
1. (808) 328-8410 (808) 322-2303
2. Box 321, Honaunau HI96726
3. http://www.stayhawaii.com/dathird/
4. dathird@kona.net
5. 1
6. $85

Diver Dan's B & B
1. (808) 328-8073
2. HC R#1, Box 33, Captain Cook HI 96704
3. http://www.flex.com/~hdc/diverdan/

ニック加藤
プロフィール
1945年7月13日生まれ。
1968年学習院中・高等科卒業後、
大学を中退、渡米。
1973年カリフォルニア州立大学
ロングビーチ校公園管理学科を卒業。
同年ハワイへ移住、
今日にいたる。
ハワイ在住27年。

PHOTO by KAOLU TAI

ビッグアイランドのホノカアに
バンブーギャラリーを経営、
自宅をB＆Bとしても開放している。
アロハレコード・レーベルを設立、
ハワイアン・ミュージックの
プロモートにも力を入れ、
ハワイ空間プロデューサーとして、
音楽、
アート、
空間装飾など、
トロピカルをテーマに
さまざまなものをクリエートしている。
ハワイの大自然を楽しむ一方、
タヒチなどの旅にも多く出かけるという
ライフスタイルを送る。

BOOK
誰も知らないハワイ／光文社刊
MY HAWAII／SONY出版刊

CD
ベスト・オブ・カラパナ
バーニー・アイザックス
サニー・カマヘレ
ヘンリー・カポノ
ピーター・ムーン
などをプロデュース

B&B HAWAII

BEYOND
YOUR
IMAGINATION
BEAUTIFUL
COLOR
PHOTOS
HAWAI'I / MAUI / KAUA'I / O'AHU

B & B HAWAII
2000年7月7日　初版発行
著者　ニック加藤
写真　ニック加藤
Art Direction & design　田中丈晴 (Lehua Design Studio)
取材・編集　三谷かおり／ショーン・マドックス／黒田よしこ／澤村龍世／クリス加藤
Printing Direction　片桐弘之
編集人　藤田 修
発行人　山﨑直樹
発行所　（株）アップフロントブックス
〒160－0022東京都新宿区新宿1－6－5シガラキビル9F
TEL.03-5360-4683
発売元　（株）ワニブックス
〒150－8482東京都渋谷区恵比寿4－4－9
TEL.03-5449-2711
印刷所　大日本印刷株式会社
ISBN4-8470-1342-5　C0026
©2000 UP-FRONT BOOKS CO.,LTD. Printed in Japan

無断で複写複製することは著作者および出版社の権利の侵害となります。
落丁本、乱丁本はワニブックス販売部にお送りください。
送料当社負担にてお取り替えいたします。